本書獻給我的孫兒，
阿雅、伊薩，以及伊伯拉罕，
他們體現了我在世上所看到的美、愛，
以及展望。

—琳恩・崔斯特—

目次

第三部　充裕之道：三個眞相

第四部　改變夢想

引言：一趟改變生命的旅程

本書雖名爲《金錢的靈魂》，但談的其實是我們自己的靈魂，以及我們如何、又爲何使它蒙塵，對它不屑一顧，或爲了錢而將它犧牲：這與我們如何掙錢、如何用錢、給錢，或甚至只是避免去想錢這件事有關。本書是關於如何在我們與金錢的關係之中發現新的自由、新的眞相，以及新的喜悅，這向來是我們生命中十分奇特、麻煩卻又美妙的一章。本書也與覺醒有關，它是關於如何開始利用我們與金錢的關係這一道未經檢視的入口，爲我們生活各個面向帶來大規模的蛻變。歸根究底而言，本書是通往個人自由與財務自由的一個通道。

我不是經濟學家，也不是銀行家或投資顧問，至少在傳統說法上不是。我也沒有任何財經或商業相關的學位，但我對金錢的知識、經驗與了解，卻極爲深刻與特殊。我的金錢教育來自將近四十年的第一手募款經驗，以及在四個全球性大型行動計畫中擔任領導角色的切身經驗，這四個計畫的目標分別是終結世界饑荒、保護雨林、改善女性的健康、經濟與政治處境，以及增進對人類意識的科學性了解。這每一個承諾，不僅爲我迎來全新的挑戰，也讓我邂逅了海內外許多以豐富的創意解決其個人、家庭、社區或國家之金錢問題的人。

有二十多年的時間，我擔任「反饑餓計畫」(The Hunger Project)的執行長，反饑餓計畫是一個致力於終結世界饑荒的組織。當時我負責培訓募款人員，並在三十七個國家發展募款運作機制。除此之外，我也擔任許多非營利機構的顧問，培訓來自四十七個國家、超過兩萬名的募款人員。我同時負責了超過一億五千萬美元的募款金額，這不是來自基金會或大企業的捐款，而是來自世界各地的個人，來自我置身富裕生活（經常極有錢）與窮困生活交會的交叉口，與這些人密切工作的成果。

在提升女性地位的全球運動中，我曾是國際演說者與倡議者，爲女性領導地位的崛起發聲，我汲取他人在這方面的智慧與經驗，致力於改善女性的健康、經濟與政治處境，並透過女性對女性的專案計畫與慈善活動，增進女性在財務方面的角色與權力。

身爲「智性科學中心」(Institute of Noetic Sciences)的副主席，我也擁有一個非常難得的機會能透過人類意識這一窗口，追隨若干享譽世界的重要思想家一起檢視金錢議題、探索金錢文化。

投身慈善事業的世界，我是一個基金會的信託委員，身負有效指揮金錢流向以解決人類最迫切、最核心問題的重責大任。我創辦了「巴查馬馬聯盟」(Pachamama Alliance)，一個協助原住民保育亞馬遜雨林的組織，經常因公出差至南美洲，與最近才剛開始接觸金錢概念的古老文化一同合作。此外，我也擔任「逆轉潮聯盟」(Turning Tide Coalition)的董事長，很榮幸能與當今一些最傑出的行動主義領袖與思想家合作，他們皆擅長於發展策略與領導之道，努力爲所有人創造一個公正、蓬勃且永續的生活方式。

從事這些志業之際，我有幸能與部分地球上最貧窮的族群肩並肩工作、結盟爲夥伴關係，在此我指的是「資源貧乏」的人，例如塞內加爾北方的撒哈拉沙漠地區、印度的鄉村、衣索比亞的大裂谷地區、厄瓜多與瓜地馬拉等中南美洲國家，以及美國部分地區的居民。在那些地區，儘管人們擁有豐富的文化資源與遺產，仍生活在每天與饑餓貧窮爲伍的艱困處境裡。而我也有幸能夠在一些富裕的國家如瑞典、法國、德國、日本、加拿大、英國、澳洲，當然，還有美國等，與地球上一些最富有或者「資源最豐富」的人肩並肩工作或結盟爲夥伴關係。

在這樣的金錢相關背景之下，我有機會接觸到各式各樣的文化，除了體會到各文化間的差異性之外，更發現它們之間令人驚訝的共通性，這共通性指的是人類與金錢的基本關係，以及這份關係如何操控、主導，甚或逼迫我們的生活。我之所以發現這些眞相，是因爲親自見識到金錢在各種環境下所產生的各種意義——它對一個尼泊爾佛教徒的意義爲何、對一個尚比亞的貧窮農人、一個阿帕拉契山區的單親媽媽，或一個日本房地產開發商的意義爲何；還有，金錢對一個破產國家厄瓜多的政府官員代表了什麼，對澳洲的牧羊人，對那些將宗教、金錢與神關聯在一起，認爲錢是神聖的人，以及對那些金錢根本尚未成爲生活的一部分的原住民而言，又代表了什麼。

在這每一種文化、地理位置，以及個別的互動中，我看見了錢對生活造成的強大控制力，以及它爲我們製造傷害與難題的能力，但即便是最小額的錢，若能利用它來表達我們的人道精神——我們最崇高的理想與心靈最深處的承諾與價值——它也能擁有無與倫比的療癒力量。

置身家鄉之外的文化，是讓你解脫固定觀點的大好機會——你可以更清楚地看見那些在自家裡模糊不清的的無形問題。這對我個人來說十分貼切，對數以千計我會與他們分享這些故事的人而言亦然，這些故事來自我的募款生涯、我的「金錢的靈魂」工作坊，以及透過「金錢的靈魂學院」(Soul of Money Institute) 所進行的個別諮商。我們所有人都發現，在自己與金錢的這份關係之中——這個我們經常感到最衝突不斷、最不確定、最不健全的領域裡——正是發現自身圓滿的領域與途徑，對此我感到既驚訝又滿心感激。無論是公開演講、工作坊，或僅僅是晚餐的對話，當我分享這些故事，談論著這些洞見時，人們隨後都會告訴我，（有時是幾分鐘後，有時是幾個月甚至幾年之後！）那成爲了他們的轉捩點。他們在自己與金錢的關係裡獲得了一些啟發、開創了一些距離與空間，這讓他們看見了過去不曾看見的東西。

這一段旅程之於我，是地理上的亦是靈性的；是情感上的亦是存在論的；是公開的亦是私密的。我有幸踏上的這一段旅途，讓我透過金錢這個入口，目睹並且聽聞了人們如何與世界互動，因此而變得更加謙卑，雖然我有時仍會感到不安，但屢屢深受啟發，更永永遠遠心懷感恩。我覺得，從這些涵蓋眾多層次的多元經驗而生的智慧不是我的，而是一個給予了我，好讓我傳遞給其他人的禮物。我樂於分享這些原則，並且深信，重新建構我們與金錢的關係，將成爲二十一世紀人類生活產生蛻變的關鍵，包括實質與心靈兩方面，此刻，我雖然感到鬆了一口氣，但也感到肩負著一份重責大任。

以誠實、大膽且審慎的態度檢視我們與金錢的關係之際，我們會發現一些眞相，無論那是什麼眞相，在那些眞相之中，我們將會找到無窮的可能性與驚人的力量。《金錢的靈魂》一書，提供我們方法重新調整自己與金錢的關係，讓我們變得更眞誠、更自由、更有效能，無論財務狀況如何，都能過一個符合我們內心深處最核心的價值觀並能充分表達自我的健全生活。本書談的不是把金錢拒之門外，或簡化開支，或進行預算控制與財務規畫，但是你所獲得的智慧將多少與這些活動有關。本書談的是如何在我們與金錢的關係當中，活得更有意識、更淋漓盡致、洋溢著喜悅，而且學習去了解並擁抱金錢之流。它是關於如何利用我們與金錢的關係這一個未經檢視的入口，促成生命各方面的蛻變。

靈性修持的方法有千百種，許多途徑都能引領人們獲得心靈的完整與平靜。探索你與金錢的關係，也能帶領你抵達那個地方。認爲錢也能做爲這樣一種途徑或許看似有些奇怪，但我確實見過這樣的事，親自走過了這一趟路，也看見許多人如法炮製。這是一個展開一段精彩旅程的寶貴機會，這趟旅程有潛力蛻變你當下與未來的生命：這是一趟讓靈魂走向金錢，也讓金錢走向靈魂的旅程。

第一部

愛，謊言，以及徹底的覺醒

ch. 1

金錢與我，金錢與我們

錢就像我們自己套在鼻子上的鐵環，它牽著我們到處跑。我們完全忘了，這玩意兒是我們自己設計出來的。

——馬克．肯尼（Mark Kinney）

在亞馬遜雨林深處的一座繁榮村落，距離我們所知的「文明」還必須走上足足十天的路程，強比．瓦希奇亞特（Chumpi Washikiat）與他的族人正大膽地展開一場危機四伏、史無前例的勇敢冒險——他們要學習如何使用「錢」這東西。

儘管強比已二十六歲了，但他直到幾年前才開始與錢有一些接觸。他的原住民族人，阿楚瓦人（Achuar），幾千年來的生活裡都不會出現錢這種東西。在如此久遠的時間裡，世世代代的阿楚瓦人在此成長茁壯、養育親人、建造家園、共組社區——這些都沒有用到錢。與這些原住民深深呼應的，一向是他們生活中意義最重大的東西——大自然的力量，以及族人彼此之間、族人與森林之間的關係——但他們和錢半點關係也沒有。互惠就是社會的貨幣，人們的共識就是大家彼此分享、互相照顧。如果譚圖的女兒要嫁給納丹的兒子，他們的親朋好友與鄰居就會過來幫他們蓋一座房子。如果有獵人捕獲一頭野豬，全村的人都會共赴這場饗宴。生命的高低起伏多半由大自然的力量來做主，所有的爭鬥都是關乎榮譽而戰。錢，與這些事情一點關係也沒有。

強比就是在這種環境中成長的，然而他們這一代人，注定要改變過去的一切。一九七〇年代初期，阿楚瓦人首度透過傳教士接觸到現代世界。不到二十年的光景，祖先的土地就變成了石油公司與其他威脅著要砍光雨林以獲取硬木和地底石油的商業團體的覬覦目標。一九九五年，我的先生比爾與我受阿楚瓦部落領袖之邀，成爲他們的合作夥伴，協助他們保護土地並捍衛原住民的生活方式。這就是我認識這位擁有良好技能的阿楚瓦青年與戰士強比的經過。

第一次見面的幾年之後，部落領袖與耆老挑選強比遠赴美國學習。他是第一位學習英語的阿楚瓦人，如果阿楚瓦人想要有效與外界或任何商業團體溝通，這是絕對必要的。同時，強比也準備學習當代西方生活的另一種語言·金錢的語言。那是在這世界求生存的必要字彙，這世界幾乎每一個人、每一樣東西，都如此一致地受到金錢的驅策，有時候，金錢甚至是唯一驅策力。這和他們的世界太不一樣了。

強比就住在我們家，固定到附近大學上課並認眞學習英語。他的金錢教育就像空氣般無處不在，無論他到哪裡──從大型廣告看板、平面廣告、電視廣告，到附近麵包店裡小鬆餅上的標價──都可以嗅到金錢的語言與意義瀰漫在空氣中。與同學談話時，他得知他們畢業後的希望、夢想，以及對生命的展望，或者，如同他們這麼說的，如何在「眞實世界」──也就是金錢世界裡過日子。他開始了解美國的生活方式了：生活裡幾乎每一件事、每一個選擇──吃的東西、穿的衣服、住的房子、上的學校、從事的工作、夢想的家具、是否結婚、是否生小孩，甚至「愛」這一回事──每一樣東西都受到一個叫做「錢」的東西所影響。

不用多久，強比便明白，他和族人現在開始與金錢產生了關係。金錢有它的意義，如果阿楚瓦人想要拯救他們的雨林故鄉，就必須趕緊認淸這個事實──這塊土地的賺錢潛力，讓它在別人眼中價值連城。有些同地區的原住民部落，付出慘痛的代價上了一堂金錢課。他們以一筆錢交易了自己的土地權，卻發現這筆錢來得快、去得也快，最後，他們不但失去土地、失去家園、失去他們的生活方式，更失去了自古以來一直保有的文化遺產。

阿楚瓦人深自警惕。他們知道自己最大的挑戰就是如何明確而穩當地運用金錢的力量，以達成他們的最高目標：保護雨林，妥善管理這份資源，讓它能繼續爲自己與所有生命提供一個永續的未來。他們了解，他們與金錢這份新奇而空前的關係，必須牢牢地建立在自己的核心價值，以及對生命與土地的最高承諾上，否則就會落得和他們的鄰居一樣的下場——被金錢毀滅。一直到今天，他們仍持續面對著這一個挑戰——測試這份關係與傳統文化裡古老原則的質地。

當阿楚瓦人在自己的雨林家園時，他們生活無虞、什麼都不缺，也如此過了數個世紀，甚至數千年。但是只要跨出雨林一步，來到我們的世界，只要沒錢便沒有吃的、住的，也無法生存，錢不是個選擇性物品，而是必需品。比爾和我有幸見證並參與了阿楚瓦人首度與金錢世界展開接觸的重要過程，這件事呼喚我們重新審視自己與金錢的關係，還有我們的文化與金錢的關係。

和強比、阿楚瓦人一樣，我們也和金錢擁有一份關係，但是這份關係絕大部分卻是無意識的、未經詳察的。錢塑造了我們的生活經驗，也塑造了我們內心深處對自己、對他人的看法。無論你手上數的是美金、日元、盧比，或古希臘銀幣，錢都是我們生活中最主要且關鍵的議題之一。它在我的生活中如此，在我所遇見的每一個人的生活中亦然，無論他們多麼有錢或多麼沒錢，都沒有差別。

每個人都對錢感興趣，而且幾乎所有人都隱約憂心著，甚至害怕著自己永遠無法擁有足夠的錢，或無法一直保有足夠的錢。有些人假裝錢對自己不重要，或認爲它不應該變得重要，有些人則光明正大地將累積錢財當成首要的生活目標。無論我們擁有多少錢，或沒有錢，擔心錢不夠或將來會不夠用的憂慮，使我們一碰到錢的問題便心跳加速、情緒激昂。越是努力賺錢，甚或越是努力忽視它、凌駕它，錢就把我們抓得越緊。

錢，已經成爲我們衡量自己身爲人的能力與價值的競技場。我們擔心自己若不努力賺更多錢，在團隊裡就會喪失地位，或喪失優勢。我們若苦無進展，就覺得自己損失了什麼；若在財務上沒有領先他人，或起碼保持平手，我們就覺得自己落後了，必須趕緊追上才行。這場賽事時而緊張刺激，時而令人膽顫心驚，但賭注總是很大，因爲在金錢的競技場上，我們若不是贏家，就會淪爲輸家。

縱使我們在競賽中占了上風，在日復一日想賺更多錢、買更多東西、存更多錢、得到更多、擁有更多、做更多事的壓力之下，與我們想像中的理想生活仍有段差距的脫節感，也會像耳邊的叨念般揮之不去。即便是富人，也無法從金錢獲得平靜與自由。你可能認爲他們因坐擁財富而辦得到，但事實並非如此。在富人的圈子裡，要參加這一場競賽需要具備更多條件，但其實仍是一模一樣的遊戲。你可能是去年賺了七百萬美元的ＣＥＯ，但若身邊的高爾夫球友剛剛成交了一筆一千萬美元的生意，而你卻沒有，你就成爲這場金錢競賽裡落後的一方。當金錢賭注越來越大，可能損失的錢就越來越多，對保持領先的要求也越來越高。沒有人能躲得了金錢的拉扯，每個人都必須回應生活中金錢的起起落落。

無論我們是從個人、家庭、工作，或國家的健全與福祉的角度來看待錢，總會出現一樣的畫面：金錢是當代生活最能普遍激發人們產生動力，最搞怪、最神奇、最具破壞力，也是受到最大誤解的部分。

這個我們叫做「錢」的東西

若撥開數千年的文化制約與假設，以嶄新的眼光看待金錢，我們會觀察到幾個非常基本的事實：錢不是個自然的產物，錢不會從樹上長出來，花生米不會從天空落下。錢，是個發明，是人類獨特的發明物。它完全是從我們腦袋的天才虛構出來的東西。我們創造它，然後大量製造它。在兩千五百年到三千五百年的歷史裡，它只是以許多不同形式出現的無生命物體，包括貝殼、石頭、貴重金屬錠、紙鈔，甚至是電腦螢幕上的一個小光點。一開始，錢是爲了便利個人或團體分享並交換物品與服務而發明的東西，它至今依然發揮著便利人們分享或交換物品與服務的功能，但在這過程中，不知怎麼地，我們賦予金錢的力量已遠遠超出它原始的實用功能。

現在，我們已經不將錢視爲我們所創造並控制的工具，而是將它當成一個大自然一般的事實、一股必須對付的力量。這個叫做「錢」的東西，其本具的力量並不比一張便條紙或一張衛生紙大的大量生產的硬幣或紙鈔，儼然成爲我們生活中最具支配力的單一勢力。

金錢只能擁有我們賦予它的力量，而我們賦予了它巨大的力量。我們幾乎賦予了它最高的權威。只要看看人類的行爲，便不難發現我們已經讓錢變得比自己更重要、比人類生命更有意義。一直以來，人類以金錢之名做出了各種可怕的惡行。人們爲錢殺人、奴役他人、奴役自己，讓自己爲了追求金錢過著毫無喜樂的生活。

以金錢之名，人類重重傷害了大自然母親。我們毀滅雨林、築壩扼殺河川、將紅杉林砍伐殆盡、過度捕撈河流湖泊的魚兒，又拿工業、農業的化學廢料毒害自己。我們將社會各族群邊緣化，逼使窮人接受住屋計畫，允許都市貧民窟的形成，剝削其他國家以獲得廉價勞力，然後眼睜睜看著成千上萬的人，事實上是數百萬人，向下墮落，其中更有許多年輕人。他們沉迷於販毒獲利，不但傷害別人，也在犯罪、奴役、監禁的生活中浪費了自己的大好潛能。

我們賦予男性與女性迥異的、不平等的金錢獲取管道與力量，並讓這種信念成爲歷久不衰的傳統，而男性在金錢方面的特權，不僅壓抑了女性，也扭曲了男性對金錢的期待與義務。

生活中，金錢極少成爲眞正自由、喜悅，或澄明的一片天地，然而我們仍然日復一日允許它主宰各種生活事項，在工作、愛情、家庭、友誼方面做決定時，經常讓它成爲最重要的因素。幾乎沒有任何東西像錢一般，讓我們全盤接受它的力量與權威，絲毫不質疑我們對它應產生的感受。我們會挑戰生命中大多數的假設：例如種族、宗教、政治、教育、性、家庭與社會等，但是只要一談到錢，我們不僅接受它做爲一種衡量經濟價值的東西，更認爲它是對世上每一個人、每一件事賦予重要性與價值的東西。當我們談到生命中的成功時，錢幾乎總是首要的，有時候甚至是唯一的衡量標準。

在我們的私人生活裡，我們多少曾經爲了賺錢、守住錢，或保持它的收買力量而做出有失風度、降低格調的行爲，或占人便宜、參與不光彩的活動。爲了避免金錢上的衝突或尷尬互動，我們讓自己保持沉默。當我們用金錢做爲控制、懲罰、發洩情緒或操弄的工具，或做爲愛的替代品時，這種行爲便傷害了人與人之間的關係。在富豪之家中，許多人受到貪婪、猜疑，以及控制欲的荼毒，特權生活更阻礙了他們發展並體驗平凡的人際互動與眞實的關係。而在缺錢的人生裡，爲錢煩惱也很容易成爲生活的基調，貶抑了個人、家庭，甚至整個社群或文化的自我價值與基本的人類潛能。有一些人更用長期缺錢做爲自己缺乏資源、缺乏生產力，或缺乏責任感的藉口。

我們生長在由金錢所定義的文化裡，而我們與金錢最初的關係，必然是該文化的產物——無論它是建立在貧窮的基礎上，如莫三比克或孟加拉那樣的國家，或是建立在繁榮富裕的文化基礎上，如美國或日本。在這最初的經驗裡，我們從家庭、社群，以及自己的生活中認識了金錢的地位與力量。我們看見誰賺了錢、誰沒賺錢。我們看見自己的父母是否願意為了獲得金錢或某些金錢能買到的東西而去做某些事。我們也看見了金錢如何塑造出個人觀點與公衆輿論。

在美國這個特別具侵略性的消費文化裡，連孩童也被捲入這個狂熱的金錢關係中。他們和我們一樣，只是以更甚以往的程度，在媒體與大衆文化包圍的環境下成長，這文化鼓勵花更多錢、獲得更多東西，以餵養那永不知足的欲望，無視於對個人與環境會造成什麼樣的後果。扭曲的金錢觀，就是金錢文化裡那些看似無害的日常經驗逐漸累積而成的。個人的金錢問題，以及攸關人類經濟與環境的永續生活與社會公平問題，顯然也深植於我們與錢的關係，以及我們生長環境的金錢文化中，那我們視為「自然」的金錢文化。

金錢與靈魂：巨大的分裂

多數人與金錢的關係是衝突不斷的，我們對錢的處理方式與行爲，經常與我稱之爲「靈魂」的內在價值觀、承諾，以及理想不一致。我所說的靈魂，無關任何宗教上的詮釋。當我說「我們的」核心價值，或更崇高的承諾時，並不表示我們所有人對政治、宗教、經濟，以及其他充斥日常生活的議題、要求與欲望等都抱持一樣的想法和感覺。我相信在所有這些底下，當你進入最根本的核心，排除了所有別人叫我們相信的東西，或者我們受到安排、操縱而去相信的東西，或甚至我們自己選擇相信的東西之後，人類眞正在乎的，我們靈魂共同的承諾與核心價值，是我們摯愛之人、我們自己，以及我們所居住世界的幸福安康。

我們確實需要一個對每個人都運作良好的世界。我們不想讓暴力與戰爭的陰影籠罩這星球的任何地方，包括最偏遠之處。我們不要讓折磨、報復、懲罰成爲政府與領導人的工具。每一個人都希望自己的生活、自己摯愛之人的生活，而且其實是每一個人的生活，都能擁有安全、保障、愛與滋養。我們全都想要一個健康的地球，也希望人人都有機會過一個健康且生產力旺盛的生活。

我也相信，在人們最深的恐懼與苦惱底下，也想要愛與被愛，想讓自己的生命有所貢獻。

若以靈性觀點，而非特定宗教意義來看，我相信人們會想要體驗自身的神性，與一切生命、與那不可思議的偉大奧祕產生連結。金錢文化在許多方面塑造了我們的行為，讓我們不去選擇更有意識、對靈魂更有益的過程，它驅策著我們無意間破壞、腐蝕著人類最崇高的價值與承諾，甚至拒絕自己聲稱要珍愛的東西。

成功的魅惑

一九七〇年代初，比爾剛開始發展事業，金錢的魅惑之歌在他耳邊響起。他與一班名校出身的年輕MBA畢業生被一家遠景看好的知名公司延攬，負責處理交通工具與電腦設備的大型租賃業務。他們在市場迅速成長的時機踏入了該領域，因豐厚的佣金而荷包滿滿。在事業越來越成功之際，他們的腳步也越來越快，有一次，公司高層甚至立下了比史上任何公司更快達成十億營業額的目標。當時，這是個野心勃勃、太過心急的目標，而且是不可能的。但是，這個目標令人興奮不已，每個人，包括他們的配偶，都被這個目標迷住了。我還記得自己當時興奮的心情，認為比爾和同事們一定會一帆風順，認為這實在太棒了，還大肆鼓勵他，沒有打斷他早出晚歸，甚至週末都經常出差的工作模式。

我們的三個幼兒——一歲的查克瑞、三歲的薩茉，以及五歲的貝索——是我們生活的重心，或說我們以爲是如此。我們的婚姻與親子關係，是世上最重要的東西，或說我們嘴巴上是這麼說的。然而，如果有人在這段時間把我們的生活狀況拍攝下來，以客觀的角度觀察，他們可能會說：哦，不，他們根本不關心孩子！孩子總是跟保姆在一起，妻子總是跟著丈夫東奔西跑，盡幹些沒用的事，不然就是在購物、取悅別人。他們錯過了孩子成長的最重要階段——親眼看見他們第一次走路、爲他們唸床邊故事、親吻他們道晚安，或與他們自然地互動，建立親密關係。他們有能力購買各種育兒服務、買玩具，還有一個美侖美奐的家，但即使是跟孩子在一起的時光，他們的腦袋裡還是盡想著下一步要採取什麼行動，才能快點達成自己的財務目標，或證明給朋友看，說他們懂得如何輕鬆適應擁有財富的新鮮經驗。

我們眞心認爲自己對孩子盡心盡力，但如果你誠實地看看我們如何分配時間和精力，會看見我們的行爲與心裡的意圖根本不一致。

就在一九七〇年代中期，我們發現自己深陷在一場爭奪戰裡。錢滾滾而來，但我們獲得的每一樣東西或花錢得到的東西，又激發出新的欲望——也就是下一個事物、下一個購物行程，或下一個買更多東西的好理由。爲了讓自己變成社交達人，我們覺得自己該學學如何品嘗好酒，學會了之後，我們好像需要一個酒窖。我們買了一部風馳電掣的火紅跑車，可是也需要另一部家用車、一部可以載小孩的旅行車。我們有一間很棒的房子，但如果少了令人驚豔的藝術品好像不夠完整。一旦我們開始學習藝術，我們購物的眼界又提高了一層。我們的朋友紛紛弄了棟夏日度假別墅，因此，那似乎是我們的下一個必備品。開始購買更昂貴的衣服之後，我們也需要一些更新穎、更優的鞋子來搭配。還有，那些大衣也必須跟它們底下的衣服搭配得宜才行，我們的手錶也得一併升級。這份升級名單眞是沒完沒了！在我們的社交圈裡，「度假」彷彿成了富裕生活的獎章。如果你想融入這個圈子，就得去享受充滿異國情調的假期。突然間，開車到優勝美地國家公園（Yosemite）或一趟單純的露營似乎太遜了，必須去太陽谷（Sun Valley，譯注：太陽谷位於愛達荷州，是世界知名的滑雪度假勝地，許多好萊塢明星與有錢人喜歡前往度假的地方）滑雪，或到夏威夷航海才夠酷。一件事引來下一件事，而且每件事好像都很重要！有個東西在後面不斷驅趕著我們，而我們卻沒有停下來對它提出任何質疑。這期間，孩子一直由保姆們陪伴，物資豐富、受到良好照顧，只是我們不在他們身邊。我們是慈愛的父母，但不在家的時間已超過我們所能釋懷的程度，然而，我們還是選擇離開家，因爲出門的理由總是顯得百般重要，而且反正我們知道自己很快就會回來。

是一個終結饑餓的全球性計畫，「反饑餓計畫」（The Hunger Project），喚醒了我。初次聽到終結地球饑荒的任務，我便覺得十分相應，因爲它符合自己心中對於該如何回應人類痛苦的想法。記得我還是個小孩子，一個快樂又滿足的小孩子的時候，第一次知道某個地方竟有人還在挨餓時，簡直覺得不可思議。地球上的某些地方，還有像我一樣的小孩沒有足夠的東西吃，這眞是讓我沮喪啊！我記得自己暗自這麼想：不能讓這種事情發生。身爲一個小孩，你只是冒出這麼一個念頭，然後就繼續玩耍去了。然而那個念頭並沒有就此離去，數十年後，當我聽到反饑餓計畫的訊息——它說有可能利用現有資源終結地球上的長期饑荒——我內心再度生起強烈的共鳴，就好像回到了童年時期，當我了解到不是每個人都受到良好照顧，想要盡一己之力幫忙的瞬間。我聽到了來自靈魂深處那深長的呼喚，更無法否認它的存在。從那一刻起，我毅然從追逐之旅撤離。

現在，二十五年之後，我可以說，投入反饑餓計畫所帶來的其中一個意外禮物就是，矢志終結世界饑荒讓我逐漸認識並處理我自己內在的饑荒，以及我們那不眞實、不合宜的生活方式。那時候，我們才開始刻意將自己的資源——時間、精力、金錢，以及累積的物質財富等——轉而用來支持我們希望改變生活的渴望。

比爾雖然繼續在同一家公司服務，但我們開始以全新的態度過生活。我們不再無止境地累積財富，或用錢獲得更多東西，而開始將他與事業夥伴所賺得的資源，看成是可以轉予他人的資源，我們可以將錢分配給那些有益全人類生活的人、計畫或活動。當過老師的我，決定創辦一所學校，服務單親父母與雙雙工作的父母。我們號召親朋好友共襄盛舉，參與社區建設與募款活動。我們一頭栽進個人與社會的轉型工作裡，不但自己參與相關課程和研討會，也鼓勵其他人這麼做。我們將自己的人際關係從狹隘、專注追求財務成功與地位的同一族類拓展開來，廣納來自多元背景與文化、從事不同工作的朋友與同事。我們的生活圈更廣、更多彩多姿，有來自各種社會與經濟背景的人。

比爾與合夥人創立了一個基金會，將錢投注在我們最關切的事務上，與反應出我們最高承諾的計畫上，這個行動爲大家帶來了喜悅與力量。我們看見，將錢投資在終結饑荒的問題，我們可以爲改變世界做出重要的貢獻，並因此體驗到一種滿足感與成就感，這份溫暖感受不僅滋養著我們彼此之間的關係，也滋養著我們與世上所有人的關係。我們領悟到，過去不斷追逐與累積，竭力讓一切事物升級，只不過是另一種形式的饑餓罷了。當我們一頭栽進終結饑荒的工作時，更了解到讓我們眞正飢渴、渴望的東西，其實是擁有一個有意義的生活。我們渴望做出貢獻，並開始全力實現。我們之中有些人將精力投入終結饑荒的行動計畫，有些人投入教育計畫，有些人致力於解決貧窮，有些人則關心受虐問題，或爲受虐者提供療癒與收容服務。

這個心力的改變，隨卽改變了我們和錢的關係。一旦讓自己的財務決定與內在的核心價值與最高承諾和諧一致，我們用錢的態度，對錢、對自己與生活的感受等方面，隨卽出現了戲劇性的轉變。終於，我們藉以認識自己的方式，不再是自己擁有什麼，而是自己付出了什麼；不再是自己累積了什麼，而是自己分享了什麼。

我們在許多朋友身上也看到了同樣的轉變。無論財務資源多寡，當他們將自己的慷慨與承諾連接上時，也會以類似的方式來表達。我們了解到，雖然我們無法改變金錢文化，卻可以將它看得更清楚，我們可以在面對環境時做出有意識的選擇。我們不再因爲對錢有所恐懼與期待而覺得被綁架、被套牢，而追逐更多的遊戲也開始失去它的吸引力了。對我們而言，錢，逐漸變成一種表達靈魂渴望與滿足的工具。

以利益生命的方式謀生

每個人一生都經歷過靈魂呼喚與金錢利益之間的拉鋸戰。當我們進入靈魂領域，我們行爲正直、體貼、慷慨，展現出包容與勇氣，並且願意承諾投入。我們認知到愛與友誼的價值，我們會欣賞做得很好的小事，我們在大自然的原始之美跟前，心生敬畏的感受。我們心胸開闊、柔軟脆弱、眞心誠意。我們具有感動的能力，慷慨寬厚再自然不過。我們值得信賴，也信任他人，能盡情地自我表達。我們與自己和平共處，並有信心認爲自己是構成更廣大、更普世的經驗，也是某種比我們更偉大的東西的一小部分。

當我們進入金錢的領域，卻經常變得和我們所認識的、在靈魂領域裡的自己不一樣，就像突然被丟到另一個規則完全改變的競賽場。在金錢的吸引力之下，靈魂的美好特質似乎更形隱晦。我們「縮小」了，爭相競逐著「得到我的那一份」。我們時常變得自私、貪婪、小氣、擔心受怕，或控制欲高漲，有時也會滿懷困惑、衝突，或感到罪惡。我們認爲自己非贏即輸，不是權勢在握就是無能爲力，更讓這些標籤錯誤地定義自己，好似擁有財富與控制金錢的能力就代表天生優越，缺少了這些便缺乏價值、缺乏基本的人類潛能。充滿可能性的願景消散無蹤，我們變得小心翼翼、疑神疑鬼，過度保護著屬於自己的那一小部分，或心生無助與無望感。有時候，我們覺得被迫做出與自己的核心價值觀不一致的事，卻無力改變。

如此的結果，在我們的存在、我們的行爲，以及對自己的人格與誠正原則的觀感上，製造出深深的分裂。此二分性，這個內心眞相的撕裂，不僅增加我們對錢的困惑，也造成了阻礙，使我們無法整合內、外兩個世界。無法擁有生活的整體感，無法擁有當下體驗平靜的美妙時刻，以及成爲生命一部分、與生命合而爲一的感受。這種寧靜的整體感受，在我們文化中已遺落了大半，被喧嘩的噪音與金錢的追逐取而代之。這個裂口存在於所有人之中，包括我自己在內，而且在生命最艱難的奮鬥裡占據了關鍵位置。

薇琪．羅賓(Vicki Robin)在《要錢還是要命》(Your Money or Your Life)一書中，描述過一些與其說是用工作「謀生」，不如更正確地說是「謀死」的人，甚或在某些案例中，更可謂是「謀殺」！他們的工作無法帶來滿足感，甚至有害自己或他人的幸福，或者，他們對自己的工作羞於啟齒，他們痛恨這份工作，希望從此不用再做這份工作。他們假裝無所謂，但事實上，他們的——或別人的——靈魂，正一點一滴被消滅。他們深陷在這場追逐裡，辯稱自己爲了謀生不得已，而其實是在謀死或謀殺，但他們沒有看見這一點，或根本不想承認。

錢本身不是問題。錢不好也不壞。錢，既非擁有力量也非沒有力量。是我們對錢的詮釋、與錢的互動方式，才是那個興風作浪的罪魁禍首，才是眞正讓我們得以發現自己、蛻變自己的機會所在。我接下來要與你分享的故事，來自一段跨越兩種極端的旅程，包括驚人的財富與駭人聽聞的經濟貧窮，也包括了與美國相距數個大陸之遙的人民與地點。然而我看到同樣的課題就在我們自家上演著，就出現在我們日常的奮鬥與財務抉擇裡，在我們對錢的期望、夢想、恐懼以及失望裡。

你可能必須詳加體察，才能在自己的故事裡發現關於錢的線索，但它確實存在，而且有其意義。你可以開始檢視、開始改變金錢的迷思與競賽場。你與金錢的關係，可以是你發揮力量與技能、實現最高抱負與內心深處最美好特質之處。我們是百萬富豪也好，只繼承了一塊錢也好，都能以美好的方式對待錢、與錢擁有一段美妙的關係。

在這個似乎繞著錢而轉動的世界，很重要的是與靈魂建立更深刻的關係，讓它支持我們與金錢的關係。藉由這樣的融合與承諾，我們創造出一種嶄新而深刻的靈性修持。我們的金錢文化將因此獲得平衡，並受到靈魂的滋養。我們與金錢的關係，也能持續被我們用來實踐此一別具意義的靈性修持。

接下來的章節，我將邀請你一同面對我們在金錢方面遇到的挑戰，對錢的恐懼、上癮與執著，以及因錢而起的懊悔、悲傷、傷害等，然後擁抱這一切，視其爲個人成長的舞台，一個能夠致力於尋求個人蛻變的美妙所在。在這樣的交會中，於是我們爲金錢賦予了靈魂。

ch.2

前進印度：饑荒的中心，金錢的靈魂

傾聽你的生命，看它即是那不可思議之奧祕。在它的無聊與痛苦之中，亦在它的興奮與愉悅之中：一路觸碰、品嘗、嗅聞著前往它神聖而隱蔽的核心，因為歸根究底，一切時刻都是關鍵時刻，生命本身即是恩典。

——美國作家布克納（Frederick Buechner）

第一次來到印度時，一天晚上，我站在瓦拉納西(Varanisi)的恆河河畔，入迷地看著一些滿載著裝飾的花朵與蠟燭的小筏，隨著暗黑如絲絨般的流水在河面上緩緩飄動。它們在水中載浮載沉，猶如一個個隨波逐流的精緻的小型嘉年華會。這一幅美麗的畫面深深吸引了我，我納悶著不知是爲了慶祝什麼樣的節日——我也想參加。我問朋友，他告訴我那些可愛的花船是葬禮的火葬柴堆，載著燃燒的遺體往下游飄，最後在河岸邊進行儀式、火化爲骨灰。我有些震驚，然而，這卻是對印度文化與景觀最適當的開場白。

印度是個處處皆有驚奇的地方，一個並存著超凡之美與難以想像之痛的國家。如果世界的饑荒有一個首都，那就是印度。在印度，長期挨餓而營養不良的人口比世上任何地方都多，大約有三億的人，從城市街頭、加爾各答下水道，到酷熱而貧瘠、任何生物的存在都屬異常的拉賈斯坦邦(Rajasthan)沙漠，都可見到這些人掙扎度日的身影。

我在一九八三年初次造訪印度，當時我積極從事終結全球饑荒的工作與募款已大約五年。因工作需要，我的足跡遍及美國、加拿大以及歐洲各地，但那是我第一次到印度。我帶著滿心的期待，希望能從他們最爲駭人的生活面，學習到饑餓與貧窮的眞相。結果，卻也是印度，讓我發現了關於金錢與財富、關於人類本性與潛能的驚人眞相。

與拉姆克里虛那·巴賈散步

他們喚他做「甘地的第五個兒子」，但是拉姆克里虛那·巴賈(Ramkrishna Bajaj)與聖雄甘地——一九三〇年代領導印度以非暴力運動脫離英國獨立的偉人——沒有任何血緣關係。當初甘地是出於感激與印度傳統，提出了撫養這名小男孩的請求。拉姆克里盧那是印度一位大企業家與獨立運動背後的金援者詹姆拉爾拉・巴賈(Jamlalal Bajaj)最小的兒子。

我們幾乎不曾將甘地所領導的獨立運動想成是一個需要有人贊助的東西，但有人支付了一切開銷：旅行、生活費等，讓甘地與夥伴們能出現在需要的地方、獲得必要的物資，以發展獨立志業。詹姆拉爾拉・巴賈正是那個人，甘地與獨立運動背後的財源。他的投資金額龐大而且發揮了巨大的催化作用，甘地出於感恩，依照印度傳統提出將詹姆拉爾拉的最小兒子當做自己兒子撫養的請求。甘地已經有四個孩子，因此當他收養拉姆克里盧那時，印度人便稱這男孩爲「甘地的第五個兒子」。

這個原爲表達感謝之舉，顯然後來成爲印度之福，因爲拉姆克里盧那已成爲一個優秀而善良的人。年僅十三歲，他便成爲甘地的非暴力少年運動組織領袖，組織成員包括了成千上萬名青少年。他跟在甘地身旁多年，在他們發起消極抵抗與公民抗命時期，有時還會被監禁好幾個月，這些經歷將拉姆克里盧那蛻變爲一位廣受愛戴的領袖，最後成爲他父親所創立的企業與金融帝國的大家長。巴賈公司(The Bajaj Corporation)，或印度稱之爲巴賈之屋(House of Bajaj)，是當時印度最大的公司之一，拉姆克里盧那就任爲大家長之後，確實行事極富效率，爲人慷慨寬厚，成立了好幾個贊助數千種公益計畫的基金會。

早期幾次造訪印度期間，我很榮幸能由拉姆克里虛那先生做我的嚮導與精神導師。他扮演著如父親一般的角色，讓我在他的羽翼之下，教導我這個充滿極端與矛盾的複雜國度之種種——這裡有絕世美景與精緻的靈性傳統，也有悲慘的窮困與恐怖的壓迫。

我仍記得，在孟買甫下飛機，便感覺如同踏入一股濕熱的熱浪。熱浪裡成千上萬人緊靠在一起的氣味撲鼻而來，那也是多數西方人與印度的第一次接觸。當時，包括乞丐的好幾千人，就住在機場和通往機場的路邊，他們也遍布在孟買街頭、人行道、門口、樓梯等——到處都是。人們就地架設起小鍋子，烹煮印度薄餅，蹲坐在生火的小金屬罐旁。有些人沒有任何遮蔽，便露天而睡，有些則用紙張、紙箱、街上的垃圾、繩子等做成遮蓋物，經常可看到一家六口甚至更多人就在這種臨時小茅棚裡擠成一團。

我們穿越機場，一出行李提取處就被乞丐團團包圍。他們對我們東拉西扯，連聲乞討，在我們心中造成了極大的衝擊。一直到抵達印度後的第三天，我都還處於一種震驚的狀態。在公開演說關於終結世界饑荒的種種是一回事，在印度親身與饑餓同在則完全是另一回事。在那之前，我尚未見到這個任務的規模有多麼龐大、多麼艱巨。現在，我終於與它面對面了。

第三天，我與拉姆克里虛那一起走在孟買街上，這位人物一向被我視爲甘地精神的體現，同時也是一位非凡的企業家、非凡的慈善家、非凡的精神領袖、非凡的父親、非凡的靈魂。當我們走過孟買街頭，我看見那些認識他的人立刻撲地跪在他跟前，親吻他的腳。同時，我也看見他對那些乞丐不予理會、視而不見。他邁開大步跨過那些人，似乎對這幅淒慘景象無動於衷。

當你走在孟買街頭時，特別是我們將要前往的那幾個地區，你眞的得大步跨過那些住在街上的人。這些人會跑到你面前，伸出他們扭曲變形的手央求施捨，或把他們瞎眼的小嬰兒抱到你面前晃來晃去，或拉扯你的衣服，在你身邊啜泣、哀嚎。對一個像我這樣的西方人來說，這種景象著實嚇人，令人不忍卒睹，因此我對這些人印象深刻，完全沒有注意到或想到其他事情。但是，拉姆克里虛那沒有對他們做出任何反應。

這些乞丐也沒有貿然上前糾纏他，就像對待我那樣，就像他們之間早有默契，或他身邊有一層保護罩似的。他朝著他們迎面走去，沒有做任何接觸或評論，而我在一旁非常吃驚，一個如此了不起的人、充滿慈悲的人，怎能對此置若罔聞？那是我第一次認識印度的光明與黑暗，甚至是如此非凡之人的光明與黑暗，爲了能正常運作，他必須不去看這些人，不涉入他們，甚至不承認他們就在那裡。

毀滅性的貧窮與饑餓，隱藏著其他的眞相，這讓我們能以正確的觀點看待拉姆克里虛那對乞丐的態度。一個悲哀的事實是：乞討在印度根本是一種工業——其他國家也有同樣的現象，但印度特別發達。這對我們實在難以想像，但它的確是個有組織的工業，而且在許多地方，還會有類似黑手黨的黑幫老大鼓勵他們把孩子弄成殘廢，好成爲更有效率的行乞者。這種做法不僅成功地讓乞討成爲一輩子的職業，也創造了乞丐的傳承世家。

今天，種姓制度對印度的影響已經減弱，但在一九八三年的當時，它的影響力仍相當大。它代表一種封閉系統的人生觀，一旦你成爲乞丐，就永遠不可能脫離乞丐生活。在那樣的人生觀之下，你只能期待來世生爲一個高階婆羅門，或投生成別種形式，但是這一生，你和孩子，還有你孩子的孩子，將永遠是乞丐。明白這一點之後，你就會想要在乞討時盡可能有效率。

既然乞丐的成功有賴於讓人們感到震驚、抱歉或內疚，然後掏出錢來，組織與老大就會傳授給他們旗下的街頭乞丐一些方法，讓他們的孩子看起來更可憐。父母受到這種壓力，便會刮花孩子的臉，或砍斷他們的手或腳，甚至讓他們只剩一個軀幹。許多家庭眞的將孩子變成沒手沒腳的人，來提高做爲乞丐的衝擊力道與賺錢能力。

在我自己的國家，我見過人們爲了錢以各種方式互相傷害，例如醜陋的離婚與撫養權官司，或對彼此與環境的剝削，要批評這些以金錢之名所做的錯誤抉擇並不難。現在，我也了解到，過去我總以爲沒有錢可以爭奪的窮人，應該能免於那種特定的墮落行爲。而在印度，我看見窮人也同樣爲了錢做出殘忍的、自我毀滅的選擇。

在這精心安排的乞討事業裡，謀劃這些不誠實行爲，還有參與、推動這些行爲的人，都是這病態產業的祕密同謀。因震驚或內疚而給錢的人，爲的是平息自己的罪惡感，但是這麼做也讓他們成了協助者，無意間助長了這殘酷的工業，其中最悲慘的受害人是兒童。乞討者的需求是沉重而眞切的，但他們所獲得的錢對打破貧窮的循環絲毫沒有幫助。事實上，這些錢只是助長了這個變態工業，讓更多兒童被殘害、被犧牲。

接下來幾天的行程裡，新的課題、新的驚奇接二連三出現，將我心中長久以來的許多金錢印象、既定假設，以及自以爲知道的事情，全都徹底顚覆。對於我們稱之爲窮人與富人的族類，我開始看見了全新的區分樣貌，我看見我們對於窮人富人、貧窮富裕的看法與信念，其實是含糊不清的。這裡是乞丐的表演與秀場，饑餓的乞丐喧鬧地搏命演出關於震驚、羞恥與罪惡感的戲碼，爭取最大報酬，令我覺得難以脫身。並非他們不需要錢來餵飽自己或把傷口治好，而是在這乞討與給錢的過程中，存在無可否認的不誠實與黑暗面。

一位卓越非凡之士，拉姆克里虛那，藉由自己的企業與財富，以各種方式力圖打破祖國的貧窮枷鎖，但是對於躺在他前方地上的那些人，也只能大步跨過、不予置評。拉姆克里虛那的公司聘用了數萬名員工。他位居印度社會階層的最頂端，無論是在企業與社會角色方面，都發揮了最大的責任感與慈悲心。事實上，他是位偉大的慈善家，其樂善好施的事蹟已可謂傳奇。我也看到，為了讓自己繼續在那樣的社會保有明確的願景、目標與角色，對於平日在街上接觸到的窮困情境，必須培養某種程度的視而不見。

我們全都這麼做。我們對金錢在某方面也是視而不見的，而且讓自己維持如此。或許是因為恐懼與焦慮吧，怕自己若看到太多關於自己的飲食方式、消費選擇，或花錢方式的真正後果，就必須重新規劃整個生活。比方說，如果我們真的看見，自己購買的進口廉價日用品經常涉及虐待童工，可能會震驚不已、無所適從。如果我們承認了在環境上必須付出的真正代價，必須做出什麼樣的改變？如果我們真正去了解雇用我們、滿足我們欲望與需要的幾乎任何產業，看看它們造成的後果與對下游產生的影響，真相是，我們可能連日常生活都得停擺！如果我們真的檢視自己在金錢往來間，對他人抱持什麼樣的信念與假設，或許，就必須對自己拒於門外的人敞開心胸。

德蕾莎修女與財富的桎梏

我在天主教的環境下成長，一生深受德蕾莎修女(Mother Teresa)的啟發。高二的時候，我曾認眞考慮成爲一名修女。雖然我後來拓展了我的心靈世界與生涯規劃，走向不同的方向，德蕾莎修女始終是我生命中影響力最大的楷模。一九七〇年代，我仍是個年輕的母親與妻子，剛開始投入終結世界饑荒的志業，而不管是在加爾各答最窮困的貧民窟，或在全球饑餓問題最嚴重、最貧瘠的地區，我都經常想起她和她的志業。第一次印度之旅期間，我因眼前恐怖的窮困景象而深受衝擊時，我也想到了她，想到她一生如何讓自己置身於人類苦難的中央，做爲最貧窮社群的一員，卽便她已廣受世界各地政商領導人的推崇。

幾次的印度出差之後，我與當地的連結感越來越強，於是決定去拜訪德蕾莎修女。我想要與她見面。沒多久，我便發現我的德里朋友圈子，有人與德蕾莎修女有密切的共事關係，他很樂意爲我牽線。

那是一九九一年的五月，我正在德里與世界銀行的官員會面，討論終結饑荒的行動計畫，一天清晨，朋友打電話給我，說德蕾莎修女可以在當天下午七點鐘與我會面。我欣喜若狂，不敢相信這個與她同在的畢生夢想再過幾個小時就要實現了。我取消了一個當天早上的會議，前往新德里的一座教堂做彌撒，然後去書店買了三本關於她的書，心想與她見面之前，必須補充更多關於她的資料才行。我發愁著該說什麼好、該穿什麼好，在這個莫大殊榮卽將來臨之前，我跌進一個夾雜著憂慮、敬畏與興奮的漩渦裡。我先趕赴一個無法取消的會議，但卻魂不守舍。我滿心期待，等候著那個盼望了一輩子的機會。

朋友爲我安排了一部車和一名熟門熟路的司機，六點鐘準時到飯店接我。他會載我到德里舊城，一個晦暗窮困的地區，德蕾莎修女收容兩歲以下的棄嬰、孤兒的育幼院，就在坐落於該地區的「仁愛傳教會」(Missionaries of Charity)裡頭。司機接了我之後，便從新德里駛進了舊德里的街道上。我們大約花了四十五分鐘找路，最後來到一條異常狹小的街道，看見一個矗立著石牆的入口，簡單標示著「仁愛傳教會——舊德里育幼院」，司機便將車停在前院等候我。走過三個階梯之後，我來到了一個老舊斑駁的門前，看見地上放著一大堆皺巴巴的報紙，便彎身將它撿起。就在這一大坨的報紙內，我發現了一個小嬰兒！仍有呼吸，仍然活著！是個女孩，一個剛出生、仍然非常脆弱的小女嬰。我十分震驚，輕柔地將她從報紙做成的襁褓衣裡抱起，小心翼翼將她裹在我的披肩裡。

打開老舊的木門後，我走進一個房間，有兩個從天花板垂下的燈泡提供照明。乾淨的水泥地面漆成藍色，共有三十九張嬰兒床（是的，我數了），每一張床放著一個或兩個小寶寶。地上還有些厚厚的墊子，有些寶寶躺在那裡發出咿咿唔唔的聲音，有些坐在那裡玩。這裡有五十個兩歲以下的寶寶——加上我手上這個門口直送的就有五十一個了——整個房裡就只有嬰兒的咿唔聲、玩耍聲，或是修女與助手們溫柔地對著嬰兒或彼此的歌唱聲。

我將手上的小女孩交給了接待我的修女。她穿著世人熟悉的、德蕾莎修女教團的藍白紗麗，而且似乎很高興又來了一位小寶寶讓她們照顧。我向她介紹自己，並請求與德蕾莎修女見面，但負責主持育幼院的修女告訴我，德蕾莎修女現在不在，她進城去保釋兩個淪落爲妓女的年輕女孩。她等一下會帶她們回來，徵召她們來育幼院幫忙照顧嬰兒。同時，她邀請我將手洗乾淨、圍上圍裙，和育幼院的工作人員一起參與照顧寶寶的工作，我立刻上工。

首先，我爲一名失明的女嬰沐浴，她頂多只有十四個月大吧！接著，照顧一個瘦小、殘障，只有一條腿連著一個小軀幹的三個月大寶寶。我一邊爲那殘缺的小身子沐浴，一邊哼著歌。我向來特別容易被那些需要照顧，尤其是傷殘或遭遇不幸的孩童所觸動。這地方對我而言是某種天堂，我覺得自己處於蒙受恩典的狀態中。

在德蕾莎修女的故事裡，人們經常引用她的一句話就是：「認識我的方式就是認識我的工作；我就是我的工作。」這一刻，當我爲這些孩子沐浴，並愛上了這些小寶寶時，我眞的可以感覺到她的存在。我沉浸在這個洋溢著祝福的地方，不知時間過了多久，直到一位修女猛然拍了一下我的肩膀，我才驚跳起來。她告訴我：「德蕾莎修女現在可以見妳了。」

修女引導我來到一條走廊，穿越一個有二十名修女唱著晚禱的禮拜堂，然後請我坐在門邊的椅子上等候。我前面是個光禿禿的長廊，沒什麼裝飾，有一個很簡單的木桌子，兩把椅子靠在牆上。我坐在那裡往那長長的、昏暗的走廊望去，一個瘦小、彎著腰的身影浮現。我立刻就知道，那就是德蕾莎修女。

她從陰影中朝我走來，熟悉的身影駝著背。她微笑著，笑容燦爛，旁邊一頭黑色的拉布拉多犬靜靜跟在她身旁，顯然對她十分忠實。眞的是她！德蕾莎修女，就在我眼前！我一時說不出話，屈膝親吻她細小、多節又粗糙的手指上的戒指，又出於本能親吻了她穿著涼鞋的腳。她將雙手放在我頭頂上一會兒，然後兩手捧起我的雙手，請我站起來跟她到有桌椅的地方坐下講話。我才一開口便感動得眼淚直掉。我告訴她，自我有記憶以來，她的行誼與奉獻一直帶給我莫大的啟發。我告訴她自己全心投入終結世界饑荒的工作，而且在某種程度上，這個一生的志業是從她的楷模與她勇於選擇如此生活的勇氣而來。我請求她為我二十歲的生病兒子，還有正與癌症搏鬥的母親祈禱，然後便開始聊起我的工作。

她知道反饑餓計畫和我這個人，知道我是該組織的領導人，也知道我的責任是募款。她告訴我，募款是一件很了不起的工作，她很欽佩我有勇氣承擔為終結饑荒募款的工作。

她謙虛地形容自己是「上帝的一支鉛筆」，說她可以從我的眼睛與我的志業看出來，我也是「上帝的一支鉛筆」。這樣的肯定使我深深感動。與她同在時，我感覺到一股無條件的愛以及和全世界的連結感，這份感受異常深刻，令我止不住眼裡的淚水，只好邊流淚邊與她對話。

我們沉浸在這場親密的對話裡，但卻被走廊另一頭傳來的吵鬧聲打斷。

首先我聞到味道，接著聽到聲音：是一對中年印度夫婦，一男一女，兩人個子都很高，塊頭非常大，身上散發著濃濃的香水味，看來顯然是富貴人家。太太走在先生前面，急迫地朝著我們的小會議桌走來。她戴著鑽石耳環，鼻上也有一個，整個手臂都是手鐲，其中許多有寶石鑲邊。她濃妝豔抹，穿著藍白相間、點綴著華麗的金銀織錦與刺繡的紗麗。她明顯超重甚多，腰間贅肉從露腰的緊身紗麗突出一大塊。

她先生的個頭更大，也比她更胖。他纏著頭巾，額頭正中央的地方有一塊黃寶石，穿著一件白色無領長衫(kurta)，兩手的每一根手指頭都戴著戒指。在這個安靜的走廊，他們突然闖入我們寧靜而親密的場合，對我而言好比突兀的怪獸。

那位胖太太尚未向我或德蕾莎修女打招呼，就把相機一股腦兒塞到我手裡，然後跟她先生把德蕾莎修女從椅子上拉起來，讓她背靠著牆，站在他們倆中間。然後，他們就像兩座巨大而怪誕的書檔，夾在德蕾莎修女兩側，要求合照。

「我們之前沒有照相。我們得要有一張合照才行！」那位太太高聲抱怨道，然後揮手指示我按下快門。我的臉色鐵青，對這對財大氣粗的冒失夫婦感到怒不可遏，我與德蕾莎修女的美好時光竟莫名其妙被他們倆破壞。當我按下快門時，那位高大的女士嘀咕著要德蕾莎修女仰頭看向她，再照第二張相。德蕾莎修女因年事已高，加上骨質疏鬆症的關係，頸部是駝的，但那位太太毫不猶豫地把手伸向德蕾莎修女的下巴，逕自將它往上抬。我瞠目結舌，竟有人如此對待德蕾莎修女！我因爲很想讓他們趕快離開，便迅速拍了第二張照。那位太太也迅速抄走我手裡的相機，甚至沒有對德蕾莎修女或我說一聲「謝謝」，就匆匆忙忙吆喝著，消失在走廊的另一頭了。

德蕾莎修女回到她桌子邊的座位上，好像什麼事都沒發生過一樣，接續我們之前的談話。然而，我好像什麼都聽不見似的，被這對粗魯的夫婦惹得滿腔怒火。我可以感覺到血液在血管裡奔流，手心直冒汗。結束談話的時候到了，我含淚道再見，修女吻了我的雙手，我也輕吻了她的，我們擁抱，然後道別。

我穿過育幼院，走向那部等候我的車子，展開四十五分鐘的返家旅程。我仍冒著汗，呼吸沉重，腦中不斷重播剛才那一幕可怕的畫面，他們那副惡形惡狀、理所當然的德行……當我回想起那個高大女人強迫德蕾莎修女抬起下巴的那一刻，就再度怒火中燒。我心裡充滿可怕的念頭，想到那兩個傲慢無禮的囂張有錢人，憤怒就滋滋作響地熊熊燃燒。我全身緊繃，流淌著一股仇恨。

在返回飯店的路上，大約過了十五、二十分鐘後，我終於冷靜了下來。我發現自己感到有一點羞愧，竟然在與一位地球上最啟發人心的精神導師之一同在之際，將自己縮小成仇恨與偏見。我回想這一切，了解到德蕾莎修女對這對有錢夫婦一點問題也沒有。對她而言，他們也是上帝的孩子，和她所收留的孤兒們一樣，不多也不少，她以愛和尊敬對待他們，然後平靜地回到她和我的對話。

我一向認爲自己對任何地方的任何人都寬容大度、心存慈悲，然而現在，我卻見識到自己的偏執有多大，見識到自己慈悲心的限制。我見識到自己醜陋的偏見，反對有錢有勢之人的偏見。他們不是我這邊的人。他們就是那些我無法盡情擁抱、包含在我的愛的小圈圈裡的人。他們很粗魯、他們很醜陋、他們一點也不優雅。這一刻，我也看見，與這對行爲囂張的有錢夫婦相遇的經歷，讓我第一次能夠面對並認識我自己的偏見。當時，我還沒能想像到，這次的教訓在我生命中產生了多大的影響。

回到旅館時天色已暗，已經很晚了，情緒經過了一天雲霄飛車般的大起大落——從一早得知即將與德蕾莎修女見面，到實際與修女在一起，到會面被打斷的沮喪，到滿腔怒火，然後到自己有所領悟的羞愧心情——我感到疲憊不堪。於是，我點亮一根蠟燭，坐下來寫信給德蕾莎修女。我向她訴說這一切經過，包括我對那兩位訪客難以遏制的憤怒、仇視，以及痛恨，然後與她分享自己發現心中偏見時所感到的震驚，以及和她在一起時亦難免遭遇的慈悲心的限制。我請求她的原諒，也請求她的指引。

幾個星期後，我收到了一封她親筆信。她在回信中如此提醒我：「我一輩子對窮人、病人、弱者展現慈悲，那是我的自我表達與服務精神最容易開花結果之處。窮困的惡性循環，向來已被清楚點明，也已衆所皆知。較不顯著且幾乎完全未被意識到的，是富裕的惡性循環。人們經常未能看見富人容易落入的陷阱，以及富人所受的苦：孤單、隔絕、心腸變硬，以及可能因財富負擔而造成的靈魂飢渴與貧乏。」她表示，我尚未將慈悲擴展至強者、有權有勢者，以及富者，然而他們和世上其他所有人一樣，都需要慈悲。她在信中這麼說：

> 你必須為他們打開心門，成為他們的學生、他們的老師。
> 開放你的慈悲之心，將他們納入其中，這是你畢生志業裡很重要的一部分。
> 不要拒他們於千里之外，他們也是你的志業。

這個想法猶如醍醐灌頂。有錢人也是人，當然，也有他們的痛苦與悲傷，但我從未想過他們也是有所匱乏的，我現在開始看見這一點了。他們的錢財帶來物質上的舒適，並提供某種程度的保護，讓他們不必接觸平凡生活的一些不便利，不需被迫接受某些事情。不過，財富與特權生活，也阻礙了他們體驗日常平凡生活的豐富多樣，以及人際關係與有益工作裡較正常、健康的「施與受」，而那是人類經驗最美好的一部分。屢見不鮮的是，財富扭曲了他們與金錢的關係，擴大了他們在精神生活與金錢互動之間的裂痕。性侵犯、心理虐待、上癮、酗酒、遺棄、蠻橫的暴行等，都是隱藏在高牆豪宅、深色車窗玻璃背後，那失控世界的一部分。傷感情的拒絕、撫養權的爭奪戰、爲爭取更多財富而不斷興訟等，再再讓家庭成員變得冷酷無情、心扉緊閉。輕易取得龐大金錢與權勢，更可能放大這些情況，讓它們變得更致命、更殘忍。

德蕾莎修女的提醒，以及我接下來與富人進行的募款工作教育了我，財富，令人意外地，並無法保護人類免於苦難。我隨後了解到，擁有過多財富之人——當然並非全部，而是其中許多人——生活中很容易飽受與心靈品質脫節之苦。他們的生活受到特權的桎梏，物質安慰過剩，靈性與情感上的剝奪卻眞切而痛苦。在這桎梏中，他們與內在的價値觀脫節，因而可能體現出金錢的黑暗面。對有些人而言，財富只是供他們提高傷害能力的工具。

收到回信的那一天起，我下定決心打開心門，盡自己所能對有錢人付出同樣的愛與慈悲，一如我對待窮人與挨餓人的一般。身爲全球性募款者，我有許多機會親身躬行，現在，我親眼見到了財富的惡性循環，以及它對深陷其中的人可能造成的傷害。單單金錢本身，不保證能提供令人滿意的生活，而極端過量的金錢，卻經常會變成創造滿意生活的障礙。

以饑餓爲師

早期從事反饑餓計畫工作時，我是「承諾之力量」的最佳見證，因爲在我心靈深處，我知道（現在依然如此）地球上慢性的長期饑荒是可以根除的。那就是我的立場，當你表明立場並朝著這個目標努力的時候，便會有不同的作爲，這和你相信挨餓無法避免、只是試圖讓情況「不那麼糟」時所採取的行動完全不同。當你確信事情絕非只能有一些改變，而是可以解決時，會從最根本的層面開始下功夫。你不會躊躇著「如果怎樣……」，而是決定「如何去做」。你會找到根本原因，然後做出不同的選擇。

在美國、歐洲經過了五年成功的演說與資源累積之後，當我抵達印度，初次面對長期饑餓的龐大規模與錯綜複雜時，我著實感到心灰意冷，我膩了，但已沒有回頭路。並非我想說：「哦，我知道了，我不幹了，因爲這實在太困難。」這種念頭甚至不曾出現過。反饑餓計畫沒有從這個艱巨的任務撤退，或從似乎不可能的處境裡退縮，或將當初的承諾打一點折扣，辯稱當初不是眞的那個意思。反之，我們從個人蛻變的原則中汲取力量，把它化爲社會行動，並強化自我探詢。

我要當哪一種人，以實現我所許下的承諾？

我要將自己鍛煉成什麼樣的人，才能讓事情成真？

我需要在我自己、同事，以及這個世界上有效運用什麼樣的資源？

反饑餓計畫獨一無二的運作方向與我完美契合，它反映出我自己對生命的態度。根據我的經驗，若依此生活，不可能會失敗。你變成一個力量更強的工具，擁有利益生命的一切所需，你的謙卑與勇氣也將同時加深。當你拋棄自己的卑微，以誠正原則爲中心，深入靈魂往最崇高之處探尋，它總是在那裡。

對我而言，這可以轉譯爲募款。我知道，爲了完成這件工作，我可以我也會募集到任何數目的錢。募款終結饑荒，對我並非只是一件工作或一時流行或一份政治宣言，而是我靈魂承諾的一種表達，也因爲如此，我做這件事的唯一方式，就是號召人們重新與自己的更高召喚或靈魂的呼喚產生連結，以成爲他們心目中的自己，做出他們想要做的貢獻，然後看看他們如何能用錢適切地表達。因此，對我而言，募款絕非向他人施壓，或為了獲得捐款而操弄捐款者的感情，它反而是讓我能創造出一個機會，讓人們都能付出自己最好的那一面。

就是在募款的這種探尋靈魂的面向上、在這些親密的對話裡，我在人們與金錢的關係上發現了深深的傷口與衝突。許多人覺得出賣了自己，變成一個連自己都討厭的人。有些人則強迫自己去做自認為無意義的工作。許多人覺得被政府課太多稅，像個奴隸，或覺得被老闆壓榨，或肩負經營家族企業、雇用員工的重擔而被壓得喘不過氣。他們與金錢的關係如同槁木死灰——或者更正確地說，是可怕的——而且滿布著傷痕。這之間有怨恨、有痛苦的妥協、有一種苦澀感。人們在那裡摔得鼻青臉腫，被窮追猛打。雖然並非人人如此，但確實有許多人對自己與金錢的關係感到焦躁不安、渾身不自在，無法展現出最好的一面。無論他們有多少錢，總覺得對錢力不從心、沒有自由。

這種了無生氣的關係，並非缺乏專業建議或不懂得實用祕訣所造成。金錢管理策略多得是，但個人蛻變的概念，卻從來沒有被包括在內。

有件事逐漸清楚，若人們能讓錢與他們心靈深處最關切的事物與承諾和諧一致，他們就能藉由與金錢的關係，促成深刻而持久的自我蛻變。他們的錢——無論多少——變成了造就改變的管道。

在日常生活頻繁的金錢相關對話裡，談論如何賺錢、得到錢、存錢、花錢、投資時，我們的對話能發揮釐清作用，在這過程中，人們可以用一種全新的、有創意的方式來面對金錢與生活。在這釐清的空間之中，他們能感覺到，當自己將錢視爲一種表達心靈深處最深承諾的方式時，就能感受到一股釋放的能量泉湧而出。

這不是偶然的「顯靈」事件，它會很實在地發生，無論他們的生活狀況如何。他們用多少錢表達這份承諾並不重要，重要的是重新看待自己與錢的關係，以及透過錢這一媒介表達心靈的圓滿與誠正，而體驗到喜悅的回報。

於是，就在印度的驚人之美與嚴峻生活之中，在終結饑荒的募款對話裡，一次又一次，人們對金錢、靈魂，以及兩者之間的鴻溝所抱持的種種錯誤假設，在我心中變得越來越清晰。一個關於金錢與人類心靈的全新眞相於是清楚地浮現。我開始看見，人們如何解脫金錢的束縛，讓錢以滋養自己、滋養生活的方式在他們的生命中流動。然而，要做到這一點，必須先面對幾個關鍵的事實與迷思，第一個最重要的就是：匱乏的謊言。

第二部

匱乏與充裕：繁榮、富足的追尋

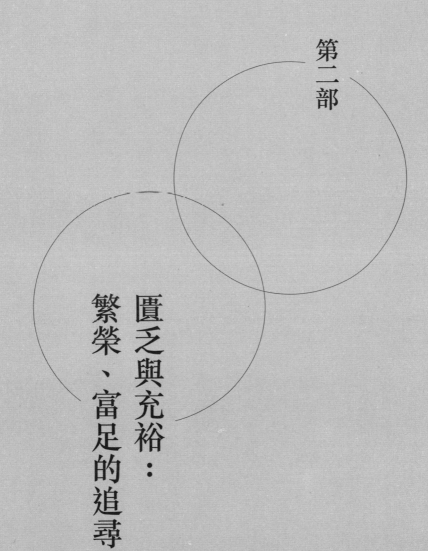

ch.3

匱乏：天大的謊言

有一個遍布宇宙的豐盛自然律，但它不會流經那些相信缺乏與限制之人的家門口。

——保羅．賽特（Paul Zaiter）

有許多人的生活情況幾近毀滅邊緣，幾乎每一個行動、每一場對話，都圍繞著缺乏糧食、缺乏水、缺乏住所、缺乏自由或機會等主題，而我這些年來的工作，就是與協助這樣的人與環境有關。而又有一些人，在各方面都擁有比所需更多——更多錢、更多食物、更多車子、更多衣服，更多教育、更多服務、更多自由、更多機會，更多的每一樣東西！而令人訝異的是，在那個過於豐盛的世界裡，對話的主題一樣常常圍繞在沒有的東西、想得到什麼東西。無論我們身分為何、置身何種環境，都經常泗泳在談論不足之處的對話裡。

我在自己身上也看見這一點。對我或許多人來說，每天醒來第一個念頭就是：「我睡得不夠。」下一個念頭：「我時間不夠了。」無論是眞是假，「不夠」的念頭總是自動跳出來，我們連想都沒想，也不會質疑或檢查。我們浪費生命中的許多時數、天數，去傾聽、解釋、抱怨，或是煩惱那些我們覺得不夠的東西：我們時間不夠。我們休息不夠。我們運動不夠。我們工作不夠。我們獲利不夠。我們權力不夠。我們的荒野不夠。我們的週末不夠。當然還有，我們的錢不夠——永遠不夠。我們不夠苗條。我們不夠聰明。我們不夠漂亮體格不夠健美不夠有學問不夠成功不夠富裕——永遠不夠。甚至，我們還沒從床上坐起，兩腳都還沒著地，就已經不夠了、已經落後、已經在損失、已經缺少了什麼東西。到了晚上就寢時間，我們也會在腦袋裡條列出今天沒收穫的東西，或沒做完的事。我們扛著這些念頭的重擔去睡覺，然後隔天早晨又帶著缺乏之夢醒來。

這個「不夠」的咒語充斥一整天，變成我們思考任何事情的預設值——從皮夾裡的現金到我們所愛的人或我們生活的意義，都經常不夠！一開始，它只是單純用來表達生活匆促，甚或生活不易這一事實，久而久之，卻逐漸變成一個冠冕堂皇的理由，用來合理化自己不稱心的生活。它變成我們無法獲得想要之物、成爲理想之人的好理由。它是我們無法達到設定目標的原因、美夢無法成眞的原因、別人讓我們失望的原因，我們對誠正原則打折、妥協的原因，也是我們放棄自己，或不管他人的原因。

無論是城裡的貧民區或郊區、紐約或堪薩斯州的托皮卡（Topeka），或比佛利山莊或加爾各答，情形如出一轍。無論我們過的是資源短缺或資源豐富的生活，甚或擁有比夢想中更多錢、物資或任何東西的生活，我們都在一個匱乏的隱藏假設之下過日子。那是生活中一個未受質疑，有時甚至是未被說出口的限定條件。我們甚至不必眞的體驗到缺少什麼，然而那種匱乏感，生活上長期的不足感受，卻變成了我們思考、行動、生活的出發點。它塑造出我們內心對自己的觀感，變成我們體驗世界的濾鏡。透過這個濾鏡，我們的期待、行爲及其後果，於是成爲自我應驗的預言，表現成不足、缺乏，以及不滿。

這個匱乏的心態，就存在於我們的嫉妒、貪婪、偏見，以及對生命的抗辯的最中心，更牢牢扎根在我們與錢的關係裡。在匱乏的心態下，我們與錢的關係成了恐懼的表現，恐懼感驅策我們馬不停蹄、永無饜足地追逐更多，或落入聲稱能帶我們走出金錢追逐或財務不安的妥協之中。在追逐與妥協中，我們便遠離了自身的誠正之心與自然的圓滿狀態。我們拋棄靈魂，與自己的核心價值和最高承諾漸行漸遠。我們發現自己陷入脫軌與不滿的循環，開始相信獲利導向的廣告與文化訊息，它們告訴我們：金錢「可以」買到幸福，然後我們就轉向自身之外尋求滿足。憑著直覺，我們知道事實並非如此，但金錢文化叫我們的內在聲音閉嘴，我們感到身不由己似的，忙著追尋金錢能買到的甚至是最短暫的解脫與慰藉。

有些人認爲，匱乏是眞實、自然的，而且對錢與資源而言，是不可避免的基本概念，畢竟每一樣東西就只有這麼多。兩百多年前的美國獨立戰爭時代，蘇格蘭哲學家與經濟學家亞當．史密斯(Adams Smith)曾指出：「每一個人力圖改善自身狀況的自然努力」，比前方路上的任何障礙物都更有力量。他接著淸楚說明了現代（當時）「自由市場」的基礎原則，其中利己主義那隻「無形的手」是可以接受的，並成爲主導的、最自然的引導力量。

然而，該假設有多自然、多正確？當時的世界——也就是白種、歐洲血統、受傳統教育的理論家史密斯的世界——大部分白人都認爲原住民與有色人種「原始」而「野蠻」，直到數個世代之後，「文明社會」才開始重視他們，認爲他們足智多謀、智慧高超。當時的白人統治階層不但接受而且實踐種族、宗教與性別的歧視，視之爲道德與經濟上的基本假設。在那個年代，利己主義與國族主義仍未意識到當今全球互聯性的衝擊，直到今天我們才認識到它對我們的影響有多麼大，它影響我們的財富與安全，以至於我們有必要將利己主義的範圍擴大至包括所有地方、所有人的福祉。舊時代的基本經濟原則與結構是建立在錯誤的假設與思維上——包括關於自然、人類潛能，以及金錢本身的假設與思維。

當代歐洲作家伯納．列塔(Bernard Lietaer)，是前比利時中央銀行資深主管以及歐元的主要設計者之一，在他的《論人類財富》（Of Human Wealth）一書中說，貪婪與害怕匱乏是被輸入的程式，它們不存在自然界，甚至不存在人類的本性裡。它們被內建在金錢系統裡，而我們就浸淫在那系統之中。我們已經待在裡面太久了，這片陰影對我們幾乎變得完全透明、看不見了。我們已學會將它們視爲正常、正當的行爲。他下結論道，史密斯的經濟系統應更正確地形容爲：透過個人貪婪的過程，進行短缺資源的分配。史密斯的「現代」經濟學，整個過程其實根植於原始的害怕匱乏與貪婪，而其施行的工具——也就是讓它成眞的過程——就是金錢。

當我們踏出這片陰影，也就是這扭曲、過時的系統與它所製造出來的心態，便能發現：匱乏是個謊言。它與任何資源的實際數量無關，它是個未經檢視且錯誤的假設、見解以及信仰系統，若透過它看世界，我們將頻頻陷入需求無法滿足的危機之中。

認爲擁有大筆財富的人，應該不會讓害怕匱乏的恐懼主導生活，這似乎合乎邏輯，但我曾見過，他們的生活受匱乏感迫害的程度，就和那些遊走在生存邊緣、幾乎入不敷出的人沒有兩樣。這實在太不合邏輯了，那些擁有過量的人竟會覺得不夠？於是，當我屢次遇到這種人時，便開始追問他們憂慮的來源爲何。從他們的實際狀況來看，實在解釋不通。我開始懷疑，這種對擁有足夠東西的焦慮，根據的只是一連串假設，而非實際狀況。當我更加深入檢視這些想法，與來自各種經濟狀況、文化、種族等範圍更廣的人互動之後，就更清楚看見，匱乏的基本假設簡直無遠弗屆！匱乏的迷思和語言，幾乎在任何文化裡都是主導的聲音，時常凌駕邏輯與證據。此外，匱乏的心態會創造出扭曲，甚至荒謬的態度與行爲，特別是在錢這方面。我發現的是，無論我們在政治、經濟、財務資源的頻譜上位於何處，匱乏的迷思與心態都會創造出一種潛在恐懼，害怕自己和所關心、所愛的人，無法擁有足夠的所需之物來過一個滿意而快樂的、有生產力的，甚或只是足以生存的生活。

匱乏的心態不是我們故意創造，或有意識地讓它在我們生命中出現的。它在我們之前就已存在，可能在我們之後也會繼續存在，它永遠存在於金錢文化的迷思和語言之中。然而，我們可以選擇是否接受它，是否讓它支配我們的生活。

匱乏迷思的毒害

迷思與迷信只有在我們相信的時候才能起作用。一旦相信它，生活便完全受制於它所施展的魔咒與虛構故事。匱乏是個謊言，卻被當成眞理世代流傳，而且這迷思威力無窮，它堅持己見，要求屈從，貶抑任何懷疑或質問。

當我在工作上與廣大金錢與資源頻譜上的各種人接觸時，我發現要拆解這套信念與假設是可能的，它是一種看待生命的強勢觀點，但我們可以和它保持距離，讓自己從中解套，然後每一個人都必須自己去看看自己的生活，看這種生活方式是否眞有根據。拆解匱乏的心態時，我們會發現有三個主要迷思，它們定義了我們與金錢的關係，阻礙我們以更誠實且有意義的方式與它互動。

有毒迷思一：不夠

第一個匱乏的普遍迷思就是「不夠」。東西不夠分配，每個人都無法成功，總會有人被遺漏。人實在太多。糧食不夠，水不夠，空氣不夠，時間不夠，錢不夠。

「不夠」成爲好理由，讓我們去從事令自己垂頭喪氣的工作，或用自己都感到不怎麼光榮的方式對待他人。「不夠」製造出恐懼，讓我們非得去確保自己或自己所愛之人不會成爲被壓榨、被邊緣化、被遺漏的那一個。

一旦將世界定義爲有所不足，我們全部的生命能量，也就是想的、說的、做的每一件事——特別是跟錢有關的事——都是爲了克服不足感，克服輸給別人或被遺漏的恐懼。「先照顧好自己的東西」成了高尚且負責任的做法，不管你認爲「自己的東西」是些什麼東西。如果不夠分給每個人，那麼卽使犧牲他人也要先照顧好自己和自己的東西這種行爲，雖然看似不合宜卻無可避免，而且在某種程度上也算正當。這就像小孩子玩的搶椅子遊戲。椅子永遠比玩遊戲的小朋友少一個，所以要專注在不要輸，不要變成最後沒搶到椅子的倒楣鬼。我們才不要變成那個可憐的傻瓜，所以我們要競爭，要得到比別人還要多的東西，下定決心保持領先，以甩開卽將到來的厄運。

不足與恐懼，反映在我們生活的行爲準則上、在我們創造來控管自認爲寶貴且有限的資源的機制中。身爲全球社群的一員，我們的恐懼指向有時會引領我們將一己的物質欲望置於其他人、其他國家的健康、安全，以及福祉之上，對外國石油的需求就是一例。在我們自己的社群裡，我們因「不夠」的恐懼而創造出對自己有利的制度，因而阻礙了他人獲得如潔淨的水、良好的學校與醫療照護，或安全的住家等基本資源。而在自己家裡，「不夠」的心態讓我們購買超出所需的東西，或總是缺少一些東西，也讓我們因爲某些人對我們有金錢方面的價值，而非因爲他們的人品，便特別重視、偏愛或奉承他們。

有毒迷思二：越多越好

第二個有毒迷思是「越多越好」。越多的不管什麼東西，都比我們現在擁有的好。如果你擔心不夠，這就是十分合乎邏輯的結果。「越多越好」造就了崇尚累積、獲取、貪婪的競爭文化，徒然凸顯出人們的恐懼心態、加速了競賽的腳步，而這些無一能讓生命更有價值。事實上，忙著要更多，使我們疏於體驗獲得之物或擁有之物的深層價值，無法用心品嘗嘴裡的任何一口食物。持續專注在下一樣東西時——下一件衣服、下一部車、下一個工作、下一個假期、下一個居家改造計畫——我們根本沒有機會體驗我們現在手上擁有的禮物。在我們與金錢的關係裡，「越多越好」使我們分心，無法安於當下擁有而活得更覺知、更豐富。

「越多越好」是無止境的追逐，沒有贏家的競賽，就像跳上一座小老鼠的旋轉輪，不停地轉動，忘記如何停止。最後，追逐更多成了癮，就像任何癮頭一樣，你若被它控制，就幾乎不可能中斷這過程。但是無論你跑多遠、跑多快，或超越了多少人，你也不可能贏，因爲在匱乏的心態裡，即便是太多也是不夠。

在一個年薪四萬美元的人看來，一個年薪五百萬美元的人居然還在爭取他們的「黃金降落傘」配套（譯注：即 Golden Parachute。公司與高階主管的補償協議：公司若被收購而令其職位不保時，公司應支付大筆補償金）而且還需要至少一千五百萬美元才夠，這簡直荒謬無比。有些財產花三輩子也花不完的人，仍一天到晚擔心自己的股票賠錢，擔心被敲詐、被騙，或退休老本不夠。在他們享盡財務優勢的生命裡，任何眞正的滿足感都可能完全被這些金錢的恐懼與壓力所遮蔽。坐擁數百萬錢財的人，怎麼可能覺得自己還需要更多？他們覺得自己需要更多，只因爲那是個普遍的迷思。我們不也都這麼想？所以他們也這麼想。即使是擁有很多的人，也沒辦法停止追逐。無論我們眞實的財務狀況如何，「越多越好」的追逐要求我們的關注、榨乾我們的能量、蠶食我們獲得滿足的機會。若眞的相信越多越好的保證，我們將永遠沒有抵達目的地的一天。無論身在何處總是不夠，因爲更多才更好。有意或無意奉行該信條的人——其實就某種程度來說就是我們每一個人——註定要過一個永不滿足的生活。我們會喪失抵達目的地的能力，因此在匱乏文化裡，即使已擁有很多的人也無法停止追逐。

「越多越好」也在更深的層次上誤導我們。它引導我們以財務成功和外在成就來定義自己，並根據別人擁有什麼、擁有多少來評斷他們，忽略他們爲生命帶來的無可計量的內在禮物。所有的靈性教誨都告訴我們要向內看，才能找到我們渴望的圓滿，但匱乏的追逐讓我們挪不出時間或心理空間來進行這樣的內省。在追求更多的過程中，我們會忽略已經存在自身之內，只等待著被發現的那一份豐富與完滿。不斷擴大「淨值」的驅策力，也令我們無法回頭去發現並加深自己的「自我」價值。

相信我們需要擁有，並擁有比別人、別的公司或國家更多，是地球上許多暴力、戰爭、腐敗與剝削之所以形成的驅力。在匱乏的狀態，我們相信自己必須擁有更多——更多石油、土地、軍力，更多市場占有率、利潤、股票、財物、權力、錢等。我們謹守著一心獲取更多的策略，經常不計代價往目標直衝，毀滅一整個文化與民族亦在所不惜。

其他國家眞的需要美式速食、或主題樂園，或香菸嗎？或者美國公司只是腦筋動得快，意圖拓展國際市場以增加利潤，不管他們對當地文化、農業、經濟，以及公共健康所造成的衝擊，無視當地人民大規模抗議他們的到來？

我們是否需要，甚或眞的想要，那些逛街時帶回家的衣服、車子、雜貨、小玩意兒？還是我們純粹一時衝動，受到消費文化，以及時尚、飲食、消費品等廣告穩定而持續的引誘而購買？一個五歲的孩子是否「需要」比少許貼心選擇的生日禮物更多的東西，才會有慶生的感覺？我們給小孩超出他們所需，甚或他們懂得珍惜、感恩的東西時，眞正獲利的又是誰呢？

未受質疑與檢視的那股「要更多」的驅策力，不斷爲無法永續的經濟與文化添加燃料，它辜負了我們，阻止我們接觸生活中關於自己內在更深刻、更有意義的面向。

有毒迷思三：事情本來就是如此

第三個有毒迷思是「事情本來就是如此」，沒辦法解決。東西不夠分給每個人，越多肯定越好，而且那些擁有較多的人，一定不是我們！這不公平，但我們最好乖乖回去參加這場競賽，因爲「事情本來就是如此」，而且這世界是無望、無助、不平等、不公平的，你永遠無法跳脫這個困境。

「事情本來就是如此」只是另一個迷思，但可能是把我們掐得最緊的一個，因爲你永遠可以爲它提出充分的理由。當某件事一向如此，也因傳統、假設，或習慣而抗拒改變，那麼事情現在的樣子也就是它往後會保持的樣子，這似乎很合邏輯，也符合常識。於是，就在這個時候，盲目、麻木、催眠狀態，以及這一切底下，屈從匱乏的心態開始浮現。屈從，至少讓我們保持在隊伍的行列裡——即使排在最後一個亦無妨——在那裡，錢是阻礙我們承諾付出，阻礙我們奉獻時間、精力、創造力等以帶來改變的好藉口。屈從、認命的態度也妨礙我們檢視自己到底做出了多大的妥協，或在職場、個人關係裡會如何爲錢剝削他人。

「事情本來就是如此」讓匱乏心態在我們的金錢與人際關係中所助長的貪婪、偏見、怠惰等變得正當合理。有好幾個世代，它保護著美國早期的奴隸買賣制度，讓特權多數用來建立農場、城鎮、企業帝國、家族產業等，其中有許多仍經營至今。更在許多世代裡保護並壯大了制度化的種族歧視、性別歧視，以及反對弱勢種族與宗教族群的社會與經濟歧視。從古至今，它使不誠實的企業與政治領袖得以爲了自己的金錢利益而剝削他人。

以全球角度而言，「事情本來就是如此」造就了一種現象：錢最多的人能行使最大權力，還覺得這麼做是順應民意、理所當然。舉例來說，占全球百分之四人口的美國，製造出百分之二十五導致全球暖化的污染源。根據《二〇〇〇年全球環境展望報告》（Geo 2000）這份一九九九年聯合國的環境報告指出，地球人口的富裕少數與持續貧窮的多數，是環境惡化的兩大主因。同時，採用西方經濟模式的開發中國家所複製的模式——甚至政治上的民主制度亦然——將過多權力交付到少數富人手中，設計出偏袒他們的社會機制，卻又無法適當處理破壞全體人民健康、教育，以及安全的固有不公平及其後果。

我們會說，自己對世上一切的不公平感到心情沉重，但問題似乎根深柢固，以致難以克服，於是我們屈從於「事情本來就是如此」這一想法，聲稱自己無能爲力改變。在屈從之下，我們放棄了自己的人類潛能，放棄了一個貢獻自己，造就繁榮、公平、健康世界的可能性。

「事情本來就是如此」凸顯出轉化金錢關係時最困難的環節，因爲如果你無法放棄追逐，甩掉無助感以及隨後必然產生的憤世嫉俗，那麼你會陷入泥沼、動彈不得。如果你不願對它提出質疑，便難以驅散讓你陷入泥沼的想法。我們必須願意放下「事情本來就是如此」的思維，即使只有片刻也好，去考慮是否根本沒有「事情是如此」或「事情不是如此」的這種狀況。事情只有我們選擇如何行動的樣子、我們選擇如何看待情況的樣子。

「終生監禁」限制了我們的可能性

在所有文化裡，迷思都傳達出某些道德教訓，而匱乏迷思就製造出一種信念上的傳承，就像是一種「終生監禁」——我們不僅照單全收，更視之爲民間智慧或個人眞理。當我年紀還小時，祖母總是跟她的孫兒們講：「先嫁給錢，愛隨後就來。」她這麼說時我們總是發笑，她也會咯咯笑著，眼睛閃閃發亮，但老實說，她眞的是這麼相信的。她自己從前就是如此，她在一九〇〇年結婚，嫁給了她觸目所及最富有的男人，然後再想辦法愛他。她想將這建議傳承給我們。我們雖然嘲笑她所說的話，這些話卻深深烙印在我們的腦海裡。她的孫女們日後必須打破這個信念系統，才能自由地尋找伴侶，這個伴侶不但愛她，而且擁有比錢更有意義的條件。

在匱乏的心態與迷思，我們每個人都在金錢方面的終生監禁裡掙扎。有些以民間俗語的方式來臨，就像我祖母說的那樣，提供不完整又謬誤的指示：「不要花掉本金」、「如果要問多少錢，就表示你買不起」、「錢不是問題」、「談錢不禮貌」等等。然而有時候，重要的是：願意以有意義的方式花掉本金；即使你付得起，也要考慮價錢以秉持原則；與其不確定或展露防衛心態，不如直接而開放地談論錢的問題。

一些其他的終生監禁是個人的、自己製造的，以有意或無意的金錢行為模式呈現。比方說，在我早期的募款生涯裡，我幾乎完全是個義工，而且只在爲了他人而要錢時才會覺得自在。在我個人生活上，我很樂意讓先生理財，讓我可以不必負擔實際責任。但是，時間一久我便了解到，自己無形中學到了一件事，並且創造出限制自己的終生監禁，那就是：我不能期待自己工作賺錢謀生，我也不是家庭財務上一個完全投入且負責任的參與夥伴。了解這一點之後，我依然免費奉獻時間與精力，也依然信任丈夫的理財能力，但我同時也擴大了自己的經驗範圍，讓它包含賺錢的滿足感，並用更負責任的態度來理財。對我而言，這是一種自我成長，讓我朝更誠實的金錢關係邁進了一步。

也許那些終生監禁對你聽起來很熟悉。或者，也許你幾乎一輩子爲錢工作，但又不願要求應得的加薪；或賴在一個沒前途的工作上，不花些心力找新工作或接受其他專業訓練；或許你很享受繼承的財產，對接收家族財富可能覺得理所當然，也可能覺得有些罪惡感；或許你一向逃避平衡收支或付帳單，因爲那些白紙黑字的數字眞相說出了一些你不愛聽的話；或許你害怕在一段關係裡維護自己的財產權，因爲擔心引起反彈；又或許你對財務的恐懼使你根本不敢維護自己的權利。

多數金錢相關的終生監禁，都是文化裡與匱乏有關的限制性語言產物。在那樣的措辭裡，「成功」一詞意指一個人賺了超多的錢，一個成功的老闆純粹只是一個賺了超多錢的人。這種判斷法沒有把產品品質、工作環境、員工福利、管理方式，或公司的公共參與程度和貢獻等因素包括在內。在匱乏的語言裡，靠剝削員工或經營非永續事業獲得龐大利益的人，和譬如老師或公務員等讓社會成爲更進步、更有愛心、更具慈悲心，但錢賺得較少的這些人，兩者比較起來，前者必然會以更「成功」的姿態出現。

富有(wealthy)一字的字根源於「幸福安康」(well-being)一字，其意涵並不限於大筆金錢，它也意味著一個豐富而滿足的生活。然而過多錢財經常反過來創造出一種享有的權力與孤立的狀態，因而減少一個人接觸人類交流互動這一份眞正財富的機會。

窮(poor)與「貧困」(poverty)形容的是經濟狀況，但卻時常被用來貶抑沒什麼錢的人的人性與潛能。

「快餓死的藝術家」此一終生監禁令我們接受以下概念：創造力的價值在我們的社會是被低估的。它指出，依賴創造天賦謀生的人，低微的酬勞是可預期的，其他人也就理應有權剝削他們或坑他們的錢、貶低他們身為人的價值。

凡此種種以匱乏為基礎的終生監禁，其實只是牢牢固定在我們思維裡的語言構造，但它們發揮了強化匱乏迷思的作用、授予金錢強大的破壞力。媒體、廣告、行銷，以及父母、祖父母，親朋好友等持續一生所釋出的訊息洪流，深植在我們的思考方式裡，引導我們去相信：東西不夠、你必須弄到自己那一份，越多越好，而且你必須參與這場競賽。

巴克敏斯特．富勒，還有一個「你和我」的世界

我是自己從終結饑餓的工作，以及它激發我許下的承諾之中，開始看見匱乏的完整構造，它無處不在的迷思、語言，以及它所形成的「終生監禁」。我看見它如何滲透至我自己、親朋好友，還有貧窮如孟加拉，富裕如法國、英國、美國等國家與我共事之人的生活。在生命的某個轉捩點，我有機會聆聽一位卓越的未來學家與人道主義者巴克敏斯特．富勒（R.

Buckminster Fuller)的演講。一九七〇年代，巴克（Bucky，巴克敏斯特暱稱）經常公開談論基本科學的迷思，說它阻礙我們以正確眼光看待世界，看待這世界支持所有人創造富足生活的能力。

巴克後來變成我的好友與心靈導師，但第一次參加他的演講時，其實我只知他是個頗具爭議性的天才——一個設計師、工程師、建築師——當時他正巡迴全球，進行一系列名爲「誠正日」(Integrity Days)的演講。我曾在他的舊金山演講會場擔任義工，在容納兩千多人的禮堂，我記得自己坐在倒數第二排，聆聽這位身材嬌小卻辯才無礙、容光煥發的老先生，在台上熱情表達他對世界的洞見與發現。他的觀念說服力十足，也爭議性十足，對我無疑是一種革命與蛻變。

我聽得十分陶醉，被他的論點深深吸引，但其中改變我生命的是：他說數百年來，我們可能都在東西不夠分、必須戰鬥、競爭以積蓄一己資源這一信念下過活。或許，這看法有若干根據，但或許它根本沒有根據。他說，在歷史上的這個時間點——也就是當時的一九七〇年代——我們已有能力以少得多，因此人類大家庭顯然已抵達一個轉折點，實際上足夠讓每個地方的每個人滿足所需，甚至超出所需，而得以過一個健康且具生產力的生活。此刻代表的是文明與人類進化史上一個戲劇性的突破。

他說，無論那認定的是一個既存事實或一個文明狀態的轉變時刻，都是演化上最重要的轉捩點，因爲那表示我們可以從一個「你或我」的世界——只有你、我其中一人能成功，必須競爭、爭奪看看誰能勝出——轉變到一個「你和我」的世界，讓所有人都有足夠的食物、水、土地與房屋等，每一個人都擁有足夠的基本東西來過一個心滿意足、創造力豐富的生活。

這一新的開端改變了整個競賽。他預言，這世界需要再花五十年的時間進行必要的調適，才能從你或我的典範轉移至你和我，此典範說：世界會支持每一個人，沒有任何人或事會被遺漏。他說，我們的金錢系統與財務資源系統皆必須改變，以反映新的現實，而我們需要好幾十年的時間來進行這些改變，但是如果一旦我們做到了，將會進入一個全新的時代、全新的世界，我們看待、評價自己與世界的基本方式將出現重大轉變，徹底改頭換面。

這一份聲明，這一個針對人類對待彼此的基本方式所提出的不凡願景與啟示，完全虜獲了我、顛覆了我的世界。我還記得，自己坐在椅子上一邊掉眼淚，一邊思忖著他話裡的意涵。我想，這不是某場博學演說裡的一個有趣論點而已。在這震撼的時刻，我認出了某個內心一直以來便知道的東西，而一位備受尊崇的科學家、未來學家、一個有學養有資格更進行了研究支持這個想法的人，將它化爲了言語聲音。那一份震撼至今仍持續跟著我。巴克的想法是從一個逐漸改變的世界觀出發的，從一九六九年夏天，人類駕著阿波羅十一號(Apollo 11)首度登陸月球開始，人類的世界觀便開始醞釀著改變。從月球拍攝的地球照片，是歷史上驚心動魄的一刻，人類第一次看見地球做爲一艘完整的「地球太空船」的清晰圖像，如同巴克的措辭。從那一刻起，我們從身爲系統的一部分抽離，直至遠離系統，完整看清楚地球，看見它的脆弱、美麗、完整，以及它巧奪天工的圓滿。我膽敢說，這是全球化社會、全球化意識，以及全球化人道的開端。基於這樣的認識，地球有限卻足夠的資源能供應所有居住其中的生命，包括人類與所有動植物，很可能成爲未來的眞實狀況。

對全球社群抱持如此的看法，加上巴克的洞見與啟發，於是，我投入了終結饑荒的志業。

饑餓之謎與匱乏之苦

饑餓與匱乏，顯然免不了被相提並論，而我何以能從事一個與嚴重缺乏糧食、水的環境有關的工作，卻同時堅稱匱乏是個謊言？我想說的是，正因爲那樣的經驗所顯示的現實如此嚴酷而驚人，才迫使我深入探究表面之下的東西。我一直試圖理解饑餓這一悲劇。饑餓不是什麼神祕疾病，也非突變基因或狂野的大自然力量所造成。我們很清楚一個小孩子餓了該怎麼做，也知道一個饑餓的人需要的是什麼，他們需要食物。從地球資源的角度來看，沒有任何東西能解釋爲何有五分之一的人類仍饑腸轆轆、營養不良。這世上糧食氾濫，我們目前擁有的糧食足以餵飽每個人好幾次之多，廢棄物充斥各地。包括美國在內的數個國家，甚至付錢給農民請他們不要耕種！飼養來屠宰的牛隻，消耗的資源足以餵養每個饑餓的孩童與成人。

一九七七年，我剛開始投入終結饑餓的工作時，以爲人們挨餓是因爲糧食不夠，只要把糧食取來給挨餓的人，就能解決世上長期的饑荒問題，這似乎再合乎邏輯不過了。但是，如果只是一個蘿蔔一個坑、將糧食供應和挨餓人口配成對的做法就是解決之道，又該如何解釋我們爲何對饑餓的頑劣及其慘不忍睹的統計數字與現實狀況束手無策？世上有足夠的糧食供應每一個人，卻每一天都有四萬一千人餓死或因饑餓相關原因致死，而且大部分是五歲以下的孩童，這又該如何解釋？

是因爲沒人在乎嗎？挨餓的孩子哭鬧著要東西吃，他們不是孟加拉人或印度人，或貧民窟裡的窮孩子，而是一個「人」，那也是我們必須據以回應的人性層次。是因爲我們聽不見那些哭號，無法視自己爲人類家庭的一份子付出關懷嗎？是什麼讓我們許多人對孩子的哭叫不聞不問，選擇只顧好「自己的」，即便我們擁有充裕的東西餵養「自己的」加上他人的？

是的，如果關懷就是答案，爲何即便有許多人捐贈了大量的金錢與糧食，仍舊無法創造長久的解決之道？

會不會是因爲分配問題？那麼爲何美國品牌的汽水，世上每個人都唾手可得？所以又怎麼可能是這個原因？

會不會是物流問題？如果像我們這般強大的國家能運送武裝飛彈與炸彈，對世上任何地方發動精準的攻擊，又怎會是這個原因？

會不會是政治問題？我們有可能如此惡劣與自私，讓挨餓的孩子無助地死去，只因爲身爲大人的我們在政治或經濟的意識形態上有不同的意見嗎？

到底是什麼原因，讓我們即使聽見了挨餓的哭號，仍無法有效率地回應？

當我與挨餓的人，以及試圖餵飽或捐錢給他們的工作者相處得越久，就越清楚看見，長期饑餓的原因不只是糧食缺乏所造成。造成饑荒與挨餓的原因，存在於比那更爲根本的層次裡，因爲無論你從甲地運送了多少糧食到乙地，雖發揮天降甘霖的效果，使一些人短暫受惠，卻依舊無法解決饑餓問題。

歷史已給了我們這個教訓。一九八五年大量湧進衣索比亞的援助，足以餵飽許多人一些日子，但依然無法解決該國的饑荒問題。衣索比亞的饑荒依舊，貧困也依舊。一九九三、九四年，索馬利亞危機發生時，大批輸入的糧食雖紓解些許饑荒問題，實際上卻激化了內戰期間早已瀰漫全國的暴力與腐敗現象。比亞法拉(Biafra)戰爭期間（譯注：曾於非洲奈及利亞東部短暫成立的國家，此戰爭是第二次世界大戰後非洲最大的人道災難之一），糧食救援亦大批湧進比亞法拉，高棉發生危機期間，糧食援助也曾湧入——救援不是壞事，有些人會有飯吃，但它仍然不能解決長期、持續的饑餓問題。

在那些重複進行，以致成爲例行公事的大規模糧食救援行動裡，糧食經常被腐敗的掮客竊取再轉售，他們依賴備戰狀態國家裡猖獗的貪婪與行賄而生意興隆。再者，大批的糧食救援讓當地市場通貨緊縮，這表示，眞正在耕種、生產糧食的農夫，東西反而賣不出去，因爲到處都是免費的食物——至少在囤積與控制糧食的混亂期間情況是如此。援助、腐敗、市場崩潰，以及血本無歸的農業投資所形成的惡性循環，反倒變成問題的一部分，而非解決之道了。這個循環徒然加深了危機的根本原因。

結果，諸如此類大規模援助的社會效應就是：接受的那一方，即使只是獲得一部分食物的人，甚至變得比從前更無能、更貧窮。無法照顧自己、靠社會救濟度日，且一再蒙受外來幫助才能脫離困境，使他們覺得自己虛弱無助。他們覺得自己變得渺小、軟弱，而且在這些情況下，他們必須表現出某種行爲才能獲得「免費」食物，這讓未來自給自足的希望屢屢被壓抑、被貶低。當建立在匱乏假設上的金援或救援物資流入社區時，這種紓困經常十分短暫，而且流通的雙方都會覺得成效不彰。

這幾年來，我在邀請他人一同參與終結饑餓的工作之際，也不停苦思這個問題，試圖爲這個無休止的悲劇尋找一個可行的答案。當我思及普遍存在每一個地方——包括各種系統、機制、觀點，包括挨餓者的觀點——以及每一個人的根本信念時，我看見若干根本假設破壞了我們爲解決問題所付出的努力，而所有的假設都可追溯至匱乏的迷思與心態。

無論我們的經濟狀況如何：當我們相信「不夠」且資源匱乏時，便會接受有些人會獲得所需、有些人則否這一現象。我們合理化這個現象，有人最後註定處於劣勢。

當我們相信「越多越好」，將擁有越多(having more)與越怎樣(being more)劃上等號——越聰明、越能幹等——那麼那些在資源上處於劣勢的人，便被視爲較不聰明、較不能幹，甚至較沒價值的人類。我們更自認有權貶低他們。

當我們相信「事情本來就是如此」，那麼便會擺出無助的姿態。我們相信問題是解決不了的。我們會接受，在人類大家庭裡，不管是資源豐富或資源貧乏的成員都沒有足夠的錢、沒有足夠食物，或足夠的才智與謀略創造長遠的解決方案。

反饑餓計畫透過有系統地挑戰關於長期饑餓與糧食救援的錯誤假設、揭穿匱乏的迷思，爲新的探尋與可能性開闢新蹊徑，在讓人們產生自行復元的能力以根除饑餓這方面，做出了重要的貢獻。無論何種情況，從個人到龐大人口的民族皆然，若想從無助、屈從與認命蛻變至得以發現全新可能性與自立自強，戳破匱乏的謊言與迷思向來是第一步，也是最強而有力的一步。

我們常常思索生命裡尚未有答案的偉大問題。現在是時候了，我們該轉而看看「未被質疑的答案」，而我們文化中一個最大、最「未被質疑的答案」，就是我們與金錢的關係。就在那個地方，我讓匱乏的火焰與迷思不停延燒，並因此付出高昂的代價。

ch.4 充裕：驚人的真相

當你不再為獲得更多非你真正所需之物而努力，便釋放出能量之海洋，讓你以既有的一切帶來改變。當你以既有的一切帶來改變，它會逐漸擴大。

從我第一次遇見厄瓜多原住民阿楚瓦人到現在，已將近十年了，我依然清楚記得與他們相遇和相處的經驗——那和我第一次遇見印度饑餓與貧窮的經驗猶若天壤之別。與阿楚瓦人在雨林，我見到的是天生富裕的一群人。他們不是因爲贏得某個競爭激烈的經濟競賽而變得富裕，不是藉由犧牲別人而變得富裕，也沒打敗任何人贏得任何東西。他們的富裕，來自他們與自己、與彼此相處的方式，他們持續遵循眞實的法則過生活，那是自然界不變的法則、最終支配著我們所有人的法則。

他們的文化裡沒有金錢。金錢根本是他們在森林之外探索時才遇見的東西。對他們而言，那是怪異的附屬品，不是日常生活，甚或意識的一部分。既沒有錢、沒有所有權、沒有囤積貨物、也沒有任何西式生活的便利措施，卻沒有匱乏的表現，沒有缺少、也沒有擔心所需不足的恐懼。那裡沒有無盡的追逐更多，也不屈從或相信他們過的生活是「少於」什麼的。他們活在（至今仍如此）「足夠」，或我所謂「充裕」(sufficiency)的經驗與表現當中。與其追逐更多，他們反過來珍惜並且用心管理既有的一切。事實上，他們目前全心全力保護當地現有的東西——雨林——並將之視爲所有人共同的資源。對阿楚瓦人而言，財富意味著敞開胸懷面對當下的完滿與豐富，並彼此共享這一切。

活在金錢文化裡的我們，亦有可能在自身的環境裡找到相同的平等與自由。在充裕心態和金錢關係這方面，我所學到的一些最寶貴、最驚人的功課是來自錢很少或根本沒錢的人，就像阿楚瓦人，或來自掙扎求生存、處於難以想像之艱難處境的人。其中一堂課就發生在塞內加爾(Senegal)的一個偏僻村莊。

塞內加爾是非洲最西邊的一個瀕海小國，在早期奴隸交易時代是個繁榮的法屬殖民地。當地歷史上一座附有地牢的奴隸主人城堡，至今仍屹立不搖，成爲知名觀光景點與紀念碑，供人憑弔當時人類的兇殘、經濟的野蠻。

塞內加爾有很大一部分的土地遭到大片撒哈拉沙漠覆蓋、侵蝕，沙漠更年年向海岸擴張。撒哈拉沙漠環境嚴苛，不是個對生物友善的地方，即便是典型的沙漠動植物，日子也不好過。那裡的沙質地細緻，如同灰塵一般，呈現淡淡的橘黃色調。由於沙子極細又遍布各處，沙漠邊緣的每一樣東西都覆蓋上一層土黃色的沙，包括街道、房屋、植物、馬路，甚至人！

我們一行人來到這裡，包括反饑餓計畫的贊助人與領導階層等共十八人，目的地是深入沙漠數小時車程的一個村莊，我們將與村民見面，了解他們尋找新水源或新住處的需求。司機開著車載我們從小鎮出發，往沙漠深處長驅直入，一路上，我們全身都蒙上了一層粉砂狀細沙，沙子還隨著呼吸溜進了肺部。順著顛簸的路駛向那片橘色荒野，沿途的人、植物、動物等越來越少，沒有多久，我們眼裡僅剩一大片荒瘠的土地了。天氣酷熱而乾燥，超過攝氏三十五度，我戴了一頂帽子，臉上圍著一條印度印花大手帕，以防吸進沙子。這片荒蕪的景象，實在難以想像竟有人類生活在這種環境！

有一陣子我們行駛在一條異常顛簸、未經鋪砌的路上，然後它突然消失變成了沙子，司機只能依賴羅盤在沙漠中行駛。我們那些塞內加爾籍司機對沙漠瞭若指掌，走在最前面的那位領頭司機一度把車停下來，將引擎熄火。另外兩位司機也如法炮製。我們仔細聆聽了一陣子，彷彿聽見微弱的鼓聲。然後領頭司機露出微笑，再度啟動引擎，朝著鼓聲的方向前去。一路上鼓聲越來越大，不久，就在地平線的地方，我們看見一些會動的小小斑點，原本以爲那是動物之類的東西，等到我們又更靠近時，才看清楚原來是一群小孩子，有好幾十個小孩子興高采烈地朝我們的車子飛奔過來！

就在這地方，一個看似毫無生命跡象之處，卻有一群活潑熱情、充滿活力的小朋友熱烈歡迎著我們。淚水剎那間湧上我的眼眶，我瞥見同伴們也被孩子們欣喜若狂的熱情模樣深深感動。有越來越多年齡較小的小孩子朝我們跑來，他們身後有兩棵巨大的猴麵包樹，矗立在廣袤荒涼的沙漠天地之間。猴麵包樹是一種救命樹，幾乎不需要水就能生長，還能爲沙漠居民提供遮蔭與防風的功能。

我們前方那兩棵大猴麵包樹下，大約有一百二十個人聚集在寶貴的樹蔭裡。人群中有塊空地，鼓手們站在空地中央，圓圈裡有一些女人在跳著舞。當我們之間的距離逐漸拉近，鼓聲頓時響徹雲霄，洋溢著飽滿的生命力，整個慶祝儀式也漸趨熱烈。我們抱起一些小孩子，讓他們搭便車，其他孩子在旁邊一路尾隨。這幅不可思議的景象似乎就這樣憑空冒了出來——男人、女人、孩子、鼓聲、歡呼聲、鼓掌聲，還有對我們這一小群訪問團體大聲呼喊的歡迎聲！

我們爬出車子後，好幾十位婦女朝我們跑來，身著美麗的傳統塞內加爾服飾，有頭飾還有寬大的長袍「布布」(boubou)——一種又長又寬、色彩繽紛的衣服。鼓聲咚咚作響，孩子們喧嚷不休，女人們開心地高聲談笑，男人們在唱著歌。這絕對是個別開生面的歡迎方式！

他們似乎知道我是主持人，便把我拉近圓圈中央，女人們就圍繞在我身旁，跟著我一塊兒跳舞。我被大夥兒拱著，跟著他們動作一致地以隨性而自然的韻律擺動身子，引來他們陣陣的歡呼鼓掌。與我同行的夥伴也來湊熱鬧，加入跳舞、拍手、歡唱的陣營。時間與空間似乎霎時靜止，不再酷熱與乾燥了。不再漫天塵沙，也不再狂風蕭蕭，那些都已消失無蹤，我們被包圍在歡慶之中，我們融爲了一體。

然後，鼓聲突然停止，會議開始的時間到了，人們紛紛席地而坐。酋長首先自我介紹，然後對我說了一些話。透過翻譯的協助，酋長解釋道，他們的村莊其實還在數公里之外，他們是特地前來此地歡迎我們的，他很感謝我們願意成爲他們的合作夥伴。他說，他們是個強壯、能幹的民族，沙漠是他們的心靈故鄉。但是，他們和東邊其他十六個村落現在面臨了水資源短缺的問題，這迫使他們已經快要別無選擇。他的族人只熟悉這裡的沙漠生活，他們以這片土地爲傲，但是他們也知道，必須處理水的問題，否則生活便無以爲繼。

政府照顧不到這些人，卽便情況危急亦然。他們是沒被算進人口普查的文盲，甚至也不能投票。政府對他們而言並無威望可言。他們雖韌性十足，但淺淺的水井已幾近乾涸，他們深知光靠自己是不行的，必須向外求援，以協助他們度過下一個旱季。

這是個穆斯林部落，當我們圍成一個圓圈席地而坐進行討論時，發言人都是男性，女性不在主要的圓圈裡，但她們坐在第二圈，可以聆聽並觀看整個過程，只是不發言。我能感覺到我身後的女性擁有強大的力量，並直覺地認爲她們會成爲解決之道的關鍵。在這片橘色荒漠，要找出解決辦法似乎不可能，但是這個部落所展現的態度、韌性，以及尊嚴，讓事情出現截然不同的契機。

接著，我請求與女性們會面。這對穆斯林文化是個奇怪的要求，因爲一向只有毛拉（mullah，教內的神學家或老師的尊稱）與酋長有權代表大衆發言，但他們還是允許了這件事。我們小組裡的女性與部落的女性聚在一起，在炙熱的地上圍成緊密的小圈圈。我們的翻譯員是男性，但毛拉也允許他加入我們。

圓圈裡的部落女性之中，有幾位立刻率先發言，表示她們很清楚這地區有一個地底湖。她們可以感覺到它的存在，她們就是知道有湖。她們曾在「心象」(vision)中見過它，只需我們協助她們取得男性的許可，就可以開鑿一座深井，通往那座湖。然而男性沒有放行，因爲他們不相信那裡有水，也不想讓女性做那種工作。在他們的傳統，女性只允許從事某幾樣特定的勞動工作，例如紡織與耕種是允許的，計畫與挖井便不允許。

女人們說得信誓旦旦，散發出旺盛的生命力。我很清楚，她們知道事實爲何，我信任她們可以找到水源。她們唯一需要的就只是男人的許可，好讓她們遵循自己明確的直覺來行動，而那就是他們需要從外界獲得的幫助、需要從我們身上獲得的東西。

現場迸發出一股強大的集體能量與決心。我環顧四周，天氣酷熱得像置身於一座大烤爐，幾千隻蒼蠅飛來飛去，我的嘴巴與肺裡可能也有不少淤泥。那裡可能是你能想像得到的最不舒服的地方了，而我卻記得自己並沒有任何口渴或不適的感覺——只在這些自信而美麗的女人之中，感受到全新的可能性。

當我們朝著撒哈拉沙漠出發時，我原本害怕會看見一群絕望、饑餓、貧病交迫的人。然而，這些人確實需要更多的水和糧食，但他們並不「窮」。他們並不屈從、認命，反而是渴望能從這個挑戰開闢出一條新的出路，他們心中燃燒著熾烈的火焰，積極尋求新的可能。他們本身就是力量泉源，一座具備毅力與智巧的財富寶山。他們所要求的夥伴關係不是救濟物資、錢或糧食，而我們帶來的正是尊重與平等的夥伴關係。

與部落裡的女性、男性經過了多次溝通之後，大家終於和毛拉與酋長取得協議，由女性開始進行這項工作，因爲女性擁有這個心象。經由我們居中協調，男性同意讓女性開鑿水井。

接下來的一年間，部落必須非常謹慎地限量配給既有的水資源，而女性則利用手工工具和我們帶來的簡單設備進行鑿井工作。他們越鑿越深，一邊唱著歌、敲著鼓，工作時輪流照顧彼此的小孩，從不懷疑那裡存在著水源。

男性懷疑地旁觀著，但仍允許她們繼續開鑿。而女性呢，卻是一點也不懷疑！她們十分肯定，如果鑿得夠深水就會出現。果真沒錯！終於，她們挖到了出現在心象裡的地底湖。

接下來的幾年間，男性與女性共同建造了一套抽水系統和一座貯水水塔。現在，不只是他們村落，一共十七個村落全都有水了！整個地區徹底改頭換面。這次的行動中，十七座村莊裡的女性領導團體是中心人物。這裡有灌溉系統與養雞農場，也有識字課程與蠟染業，人們日子過得欣欣向榮，也成爲對國家有貢獻的一員。他們現在仍會遭遇新的挑戰，但會用同樣的尊嚴與決心來面對。現在，女性獲得大家的尊敬，地位不同以往，也擁有更多參與領導的機會了。終究，是自己的族人、自己的努力工作，以及他們所居住的那塊土地，構成了創造繁榮的關鍵要素，整個部落對此都感到無比驕傲。

充裕：重拾既有一切的力量

不管在什麼環境下，我們都能選擇後退一步，拋棄匱乏的心態。一旦我們拋棄匱乏的心態，便會發現「充裕」這一令人訝異的眞相。這裡所謂的充裕，不是指任何東西的數量。充裕不是比貧窮高兩級，比富裕低一級的狀態。它不是估計勉強足夠或太足夠那套度量衡。「充裕」根本就不是個數量。它是一種經驗、一個由我們創造的狀態、一份宣告、一種知曉——知道一切皆足夠、我們是足夠的。

充裕的心態就存在我們每個人之內，我們也可以召喚它前來。它是一種意識、一種關注、一個決定如何看待環境的刻意選擇。在我們與金錢的關係裡，它是以表達自身誠正與圓滿的方式來使用錢、以「表達」價值而非「決定」價值的方式來使用錢。「充裕」要傳達的訊息不是關於簡樸、縮減開支，或降低期待的概念。充裕不表示我們不應該努力或胸懷抱負。充裕是一種爲自己產生、識別、確認我們既有資源與內在資源的力量的行爲。充裕是我們由內而生的一個狀態，它提醒我們，如果我們仔細看看四周、看看我們的內在，便會發現自己需要的東西，它永遠都是足夠的。

當我們在充裕的狀態之下生活，會發現與生俱來的自由與圓滿。我們的生活將建立在自身的完整之上，不必再費盡心機渴望變得更完整。我們自然而然會想要將流經生命的資源與人分享，以實踐我們的最高承諾——無論那些資源屬於哪些面向，包括時間、錢財、智慧、精力等。在充裕的狀態下、在我們的資源流動與進出之中，我們的靈魂與金錢利益合而為一，創造出豐富、滿足而有意義的生活。

充裕是眞相。它可以是一個立足點，一個爲你與生命、與錢，以及錢能買到的東西產生全新關係的狀態。我要指出，在大自然裡，在人類本性裡，以及在人與人之間爲了過一個繁榮、有意義的生活而建立的關係裡，一切都已足夠，無論你是何人、處於資源頻譜的何處皆然。我要指出，如果你願意放下，放下獲得或累積更多的追逐，也放下那樣的世界觀，便能將那些能量與注意力投資在你既有的一切事物上。若能如此，你會發現不可思議的寶藏，發現帶來驚喜、甚至富含著深度與多樣性的財富。

以充裕的心態過生活、依此思考並形成生活的參照準則，能產生巨大的力量，它也是我們這個時代一件至爲重要的事。在我們與金錢的關係中，我們可以繼續賺錢、存錢、投資，供應自己與家人的生活所需，但我們將藉由認知並感謝我們既有的一切，重新建構這個關係。從這個新的眼光出發，生命裡的資源流動不再是不斷逃脫我們掌握或逐漸減少的東西，而會變成一道滋養的洪流，是某種我們有幸暫時做爲託管人的東西。我們與金錢的關係，不再是恐懼的表達，它所表達的反而是令人雀躍的可能性。充裕的狀態能改變我們與金錢、我們與資源，以及我們與生命本身的關係。

我並非在說，沙漠裡有大量的水或孟買的乞丐有充裕的食物可吃。我的意思是，即使處於外在資源眞正匱乏的情況下，自足的欲望與能力卻是我們與生俱來的，它足以引領我們迎接挑戰。正是我們將注意力轉向這些內在資源的時刻——事實上，應該是「只有在」我們這麼做時——才能淸楚看見自身之內的充裕，看見我們可以從內取用的充裕，那麼，無論我們面臨何種資源限制，都能夠做出有效率且持久的回應。當我們不再追逐更多，能有意識地詳察並體驗我們既有的一切資源，便會發現，自己的資源遠比自己知道或想像的更深厚。有了我們的關注所帶來的滋養，我們的資產將因此擴大、增長。

這對我們與金錢的關係特別眞實。我們若能看看自己爲錢苦惱時的頹喪模樣，再看看自己讓金錢與靈魂和諧一致後所體會到的深深釋放，這也會顯得特別眞實。

尋求充裕的奮鬥與你擁有的錢財數量無關，重點是你與錢的關係爲何。關於這件事，我學到的一些最重要功課，卻是當下擁有的錢財比我們一輩子所見還要多的那些人教我的。儘管很富有，他們仍發現自己過著不滿足的生活，不是被過多淹沒，就是被不斷追趕更多壓垮，完全喪失了感受充裕、足夠的滋養經驗。

微軟女主管：匆匆略過了「充裕」

一九九八年，我受邀為一群微軟公司的資深經理人進行一場演講，微軟是當時全球成長最迅速、最賺錢的公司之一（也可能就是「最」賺錢的公司）。我對此行感到相當興奮，打算對一群微軟女性高層主管談談發展中國家的女性地位。當時我剛從北京的第四屆世界女性大會(World Women's Conference)回來，非常渴望分享與會女性在大會上所做的報告與講述的故事。其中有一些女性來自非常貧窮的國家，受壓迫的程度超乎我們的想像。

在舊金山飛往西雅圖的班機上，我坐在微軟為我訂的頭等艙裡——那是比我慣常搭的經濟艙要舒適許多的環境。當我環顧周遭，發現坐的盡是穿著體面的乘客時，便明白自己進入一個稀有的世界，演講的對象也正是一群每天在這樣的世界生活、工作的女性。參加這一系列資深小組演說的女性，都是公司最高階的經理人。在我事先獲得的簡報裡，我被告知這群女性的平均身價是一千萬美元，平均年齡三十六歲，過半數已有家庭。我便知道，我正飛往位居全球高科技領先地位的公司之核心，即將與一群每天力求在專業上更上一層樓，同時個人生活也非常富裕、年紀輕輕事業就非常成功的族群分享一場演說。

我坐在載我前往微軟園區的禮車上思及這些人時，越來越覺知到，若能將她們與世上數以億計、資源最貧乏的女性連結起來，可能可以對她們的生命做出有意義的貢獻。我思忖著，這樣的連結對雙方的意義為何，而我多麼有幸能成為同時踏入這兩個世界的人。

進入微軟龐雜地向外擴張的偌大園區之後，我被領進一棟高雅辦公大樓裡的會議室，與當晚即將參加演講的其中一小群代表享用下午茶。這個演講前的小型聚會是我提出的，因為我想對這一小群女性有多一些了解，和其中幾個人先聊一聊，以便稍後能與這些擁有獨特生活與事業體驗的人產生更多共鳴。

我們一邊喝著茶，這十位年輕有活力且自信滿滿的女性便一邊與我分享家庭與工作經驗。其中有七位有先生和小孩，形容一天典型的生活時，她們的敘述多半大同小異，都是高壓生活的例行事務：她們早上很早起床，大概五點半或六點，然後多數人一天之中與孩子共進的唯一一餐就是早餐。她們有保姆或幫傭同住。十人之中有六位嫁給了同樣任職微軟的男性。多數人都說，她們在早上照料好孩子，把他們餵飽、穿好衣服，然後不是目送保姆送他們去學校，就是自己開車載他們，接著開始工作、八點準時上線。她們大多不午休，正常的晚餐時間也一直在工作，直到晚上九點，有時十點。然後回家，與先生吃一點已算宵夜的晚餐，親吻已睡著的孩子道晚安，然後繼續上線工作，有時直到半夜一點。隔天一早——對許多人來說這僅代表短短數小時之後——又重複一天的行程。多數人心中都暗自歉疚：每一天，她們都保證要早點回家，或多睡點覺、多做點運動，或多做一點生活裡缺少的事情，然而每一天，她們實現承諾的進度都是零。

接著，我詢問她們週末如何度過。多數人週六都在辦公室工作，有時候她們會休息一會兒，去觀賞孩子的舞蹈排練或足球比賽，否則她們週六多半在辦公室待到傍晚五、六點。那麼週日呢？我問。多數人說她們週日都在家，但也承認，電腦對她們的誘惑比任何活動都要大，而且經常有至少半天的時間是掛在線上。

每一天、每一個星期、每一個月，她們都向自己、先生和孩子們保證：只要做完下一個案子、趕完下一個進度，她們就會多花點時間待在家裡、多陪陪他們、多和孩子建立有益關係。但這種事鮮少發生，這些無法兌現的保證，使她們長期處於挫折感之中。

她們說，這種工作與家庭模式在同事之間實屬正常現象，不是什麼特例。她們全都很有錢，負擔得起照顧孩子和家庭的任何費用，而她們就是這麼做，儘管她們不大願意承認。遺憾的是，她們說，置身公司權力核心，她們是這場激烈競賽的一部分，必須全心投入，也就是說，無論如何，那都必須列為優先事項，家庭是次要的。對於自己在家庭生活方面所做出的部分妥協，她們經常覺得困擾與失望。

接著，我又問她們對世界的認識為何，例如她們的朋友是誰、在工作之外都聊些什麼樣的話題等等。這些女性又一個個跟我說，她們的生活就在電腦螢幕裡。多數人的對話都在線上進行，對話內容不是關於新軟體的研發，就是如何達成某個性能或產能上的目標。她們對外面的世界所知不多，無論那是指西雅圖或美國皆然，更遑論開發中國家的人民或其他地區的女性了。聽到我即將談的是開發中國家的女性，她們興致勃勃，但那一向不是她們熱衷的話題，也不屬於她們現實世界的一部分。她們沒有時間，也沒有心理空間來容納任何不是當下非得處理妥當的人或事。

我們聊到了她們的財富。除了她們自己鮮少有時間享受的物質資產之外，錢爲她們帶來的滿足感很低。只有很少數的人會把錢捐出去，而且幾乎沒有人花時間去度假。她們的財富是用來購買照顧孩子與家庭的服務的，而這只是讓她們工作得更努力、時間更長而已。財富不會給予她們自由或活力，雖然她們曾如此希望，甚至期待如此。她們對自己的承諾就是，希望它有一天眞的能做到。有一天，她們會退休，然後從此過著幸福快樂的生活。

當天晚上，大約有一百位女性參加高級主管晚宴。作家與歷史學家瑞安．伊絲勒(Riane Eisler)首先談論過去一千年來的女性歷史，其中多半根據她在自己的著作《聖杯與劍：我們的歷史與未來》(The Chalice and the Blade: Our History, Our Future) 一書中所發展的要點來論述。

她描述自己所謂行爲上的「支配模式」，也就是以男人和傳統的陽性原則爲主的模式，以及她所謂的「夥伴模式」，也就是合作與合夥關係的偏陰性原則，然後探討這兩者之間的差異，接著便輪到我上場。

我從伊絲勒女士的學術研究與歷史觀點再往前推進一步，我的演說是建立在日常生活與生活在資源貧乏環境裡的女性，例如塞內加爾、孟加拉等地。這些女性也和微軟的女性主管們一樣，一天工作十六或十八個小時，只不過她們的生命完全奉獻在供養孩子與家庭，家人間的緊密關係是嚴峻現實裡的唯一慰藉。微軟的女性主管們得知，她們是世界金字塔頂端那少數百分之一的人，能夠有機會選擇如何利用她們的財務資源、選擇自己的生活方式與家庭生活。我邀請她們與那些在一天賺兩美元與五美元之間掙扎謀生的十億名女性產生連結。

我與她們分享的是，我知道也見過開發中國家女性對家庭的奉獻，見過她們用唱歌、跳舞做爲維持生活的精神食糧、見過她們不只讓孩子艱困度日，也讓她們歡慶生命與愛。我告訴她們這些女性生活的艱難之處：她們經歷的壓迫、邊緣化、被迫順從等，也告訴她們這些女性如何鼓起勇氣度過每一天。我告訴她們，許多女性將重心放在珍惜並感恩她們所擁有的小東西，以及她們彼此出於需要而慷慨共享的關係上。在艱困的環境下，每一件事歸結到底都是關乎整個社群。每一件事到頭來就是歸結於彼此互相照顧這件事。每一件事歸結到底就是關於合作、結伴、確保每個人都有機會。在這種連結與關懷下，這些女性不僅順利存活下來，更體驗到她們眞正的財富。

女性主管們紛紛報以眞誠的回應，開始反思自己的生活，質疑工作上衝鋒陷陣的那股未經檢視的驅動力，或許讓她們付出了始料未及、甚或未曾有意識接受的代價——錯失年輕家庭無可取代的歲月與體驗，或與其他人所建立的有意義關係。她們開始覺察到，或許自己錯過了眞正的生活，這樣的啟示感染了整個會場。

我不是在鼓勵她們離開公司或採取類似行動，純粹是讓她們做此連結，讓她們了解世上其他姐妹們的情況，然而當我們將談論焦點放在這些生活在艱困環境下的女性之際，也爲女性主管們開創了退一步的機會，讓她們後退一步，看看自己每天生活裡充斥的追逐狀態，思考自己是否要盲目地全然投入這種追逐。

暫停時的省思時間，對在場的許多女性發揮了很大的效果。在那個當下，她們可以暫時停止盲目效忠於追逐更多——更多錢、更多公司裡的地位、更多成就——然後記下自己生活上被這種追逐操控時所感受到的屈從、認命之感。這樣的時刻也提供這個小組裡的女性一個機會，讓她們反思自己從工作與家庭獲得的眞正滿足，並感謝她們自身的才能、成就，感謝公司對其領導能力的肯定與讚揚。透過家庭與事業有意識地體驗滿足感，對她們來說倒是件新鮮事。

我記得自己站在她們面前，看見她們臉上反映出對自己的滿足體驗，而不再是匱乏的體驗。我記得當我邀請她們找位夥伴，花幾分鐘爲彼此列出自己在家庭和工作上所欣賞、感謝的所有事情時，她們臉上那高興的表情。她們紛紛站起來分享自己的體驗，分享生活中的完整感與充裕感，分享過去是如何地總在匆忙追逐更多的心態下錯失這種體驗。這讓整個房間裡洋溢著滿足的氣氛。

這些女性無論是在事業或者富裕的家庭生活方面，都位居競賽的領先榜，但這場競賽奪走了她們的勝利感受與滿足感受，該競賽的規則是建立在匱乏的條件之上：她們必須獲得更多、更多永遠不夠，而且這場追逐永不結束。我從她們的故事裡看到，即使我們向自己保證什麼時候會停止，這個保證本身就是謬論的一部分，也是讓競賽得以繼續進行的合理化奴役——再玩一輪、再發一次牌、再一次不管什麼……。我也看到，創造一個能讓你跨出匱乏心態的環境能發揮多麼大的力量、又是多麼地美妙，即便是短短幾分鐘也能讓你看見：那只不過是一種心態罷了。它不是必然的，不是無法避免的，不是無望的，不是「事情本來就是如此」。我學習到，即使是衝得最快的人也能暫時喊停，好好看一看。即使只是一分鐘，也能對生活方式產生深遠的影響。

接下來的幾年間，有好幾位與會的女性陸續寫信給我，有的告訴我她們快要退休了，也與我分享做這個決定時內心出現的洞見與體會。有些人告訴我，她們重新調整公司裡的工作經驗，生活基本上沒有太大改變，但是卻開始透過滿足與感謝的觀點來看事情，而非恐懼、競爭，以及求生存。有些人開始投入社會行動，並在度假時選擇與家人前往開發中國家。有些人變得更加覺知到貢獻的喜悅，更樂於將錢投入公益、慈善的夥伴關係，以克服饑餓、貧窮或嚴重的不平等待遇。有些人從原本的職位調任至當時新成立的「比爾及米蘭達蓋茲基金會」（Bill and Melinda Gates Foundation），現在，該基金會已經是世上最大、最具開創性的基金會之一了。

那天晚上的相會，令我永難忘懷。這些女性擁有許多，不單是擁有錢財，更擁有關懷他人、與他人產生連結的強大能力，這部分她們在從前倉促而富有的生活方式之下，其實是難以接觸到的。她們想建立關係的欲望，包括與家人、與迫切需要與她們合作的女性，甚或只是與自己想帶來改變的渴望建立關係的欲望，是靈魂之能量與潛能的強烈表達，那其實是每個人內在本有的。那一夜，滿足我心的，是她們寶貴的覺醒。

充裕，永遠都在

什麼是足夠了？每個人都可以替自己決定，但我們卻鮮少允許自己擁有這樣的經驗。我們感到滿足的點在哪裡？擁有一切所想所需，且一點也不會過量的地方又在哪裡？很少人記得自己生命中曾有過這種感受。如同微軟女主管，我們多半輕易略過那個足夠的點，如同浮雲飄過般，好像它根本不存在。在某一個點，擁有了超出所需的就會變成一種負擔。我們補償過度、裝塡過度、沉浮在過度的大池子裡，一味地想從各式各樣的管道獲得滿足。我們渴望在生命中成爲一個滿足的人，這樣的體驗卻無法從追逐滿足或追逐更多的過程裡找到。

透過改變我們與金錢的關係，還有與彼此和生命之間的關係，將能夠重新收復這塊「充裕」、「足夠」的版圖。我們可以重新找到充實與滿足感。充裕之道的最偉大老師就是大自然，以及地球的自然法則——這些法則沒有修正案，也不是在議會爭取來的。無論我們是否識得這些法則，都得靠它們過活。

已故知名環境保護主義者唐娜．麥多斯(Dana Meadows)曾說，地球最基本的法則之一，就是足夠的法則。她曾寫道，大自然會說，我們擁有的「就這麼多，沒有更多」。就這麼多土壤、這麼多水、這麼多陽光。每一樣地球生長的東西，都長到適當大小之後便停止了。地球沒有變得更大，它只是變得更好。它的生物體會學習、成熟、變化、演化，創造出令人歎爲觀止的美麗、奇異而複雜的樣貌，但是卻活在絕對的限度之內。

大自然的榜樣俯拾皆是，隨時足供我們借鏡，它已告訴了我們該學會什麼，才能讓我們與生命的關係獲得重大突破，讓它合理地永續。這個遵循充裕之道的特徵，讓我們得以將不永續的文化蛻變爲永續。

個人或群體，能否在與金錢和各種資源互動時，改變「無論如何更多就是更好」的假設？我們能否認知到，更好不是來自更多，而是在於深化我們對既有一切的經驗？與其將「成長」視爲獲得、累積錢財或東西的外在事件，我們能否重新定義「成長」，將它視爲認知、感謝我們既有的一切？

我認爲充裕是精確的。「足夠」是一個你可以感覺「已經到家」而長居之地。我們經常以爲，自己只要到達「豐盛」(abundance)那個點，就知道自己已經到家了，但是如果我們認爲自己會在某樣過量的東西裡找到那個點，「豐盛」將永遠難以捉摸。眞正的豐盛的確存在，但它是從充裕流瀉而出，以如是的美好與圓滿狀態呈現。豐盛是大自然的事實，它是自然的基本法則，一切都是足夠的，而且也是有限度的。它的限度不是一種威脅，它創造出更正確的關係，要求我們帶著尊重與禮敬的態度，管理這些資源時能夠了解它們有多珍貴，並且以帶給最多人最大利益的方式善加運用。在環保運動裡，我可以看見人們對於永續的追尋，或許它能更正確地定位在認知並肯定「我們確實已經擁有所需」這樣的概念上——不是「資源正在消失，我們必須趕緊拯救它因爲它越來越少了」，而是我們已經擁有所需，恰如其分地擁有需要的一切，因此，我們必須好好利用它來發揮影響力、爲改變現狀做出貢獻。我們必須知道，它是有限的珍貴資源，但它是足夠的。

這個符合自然世界法則的觀點，提供了一套全新的原則或假設，讓我們用以塑造全新的金錢文化。它教導我們如何成爲錢的管理者，而非收集者；它教導我們在運用財務資源時將品質與智慧帶進來，用它來反映我們內在的財富，而不流於炫耀外在的財富累積。若能這麼做，無論是美國的億萬富豪或瓜地馬拉的農民、貧民窟的單親媽媽或中產階級主管，都能藉著足夠與充裕的體驗，以及尊重財務與其他資源的管理方式，重新定義自己的生活，在這樣的生活中，人人都能感受到充裕與滿足。這裡面沒有犧牲——只有滿足。

充裕是一種存在方式，能爲我們帶來莫大的自由與潛力。匱乏的迷思告訴我們：看待世界唯一的方式就是「不夠」、「越多越好」、「事情本來就是如此」，充裕的眞相則主張：「東西足夠給每一個人」。知道一切足夠，能啟發人們分享、合作、貢獻。

在自己的生活與世界裡，我們也許不能隨時都擁有充裕的體驗，但眞相是，東西是夠的，而且真正的豐富、充裕並非由過剩而來，而是由對充裕的認知、對足夠的肯定而來。如同巴克在一九七〇年代所說，這個世界足堪讓每一個人好好過日子，沒有任何人或事會被遺漏，我們現在就擁有力量與資源創造一個「你和我」的世界，而非「你或我」的世界。有足夠的東西給每一個人。然而，要獲得「足夠」的體驗，我們必須願意放下——放下匱乏教了我們一輩子的訓示與謊言。

現代的童話故事裡，作家艾瑞克・肯莫(Erik Kimmel)寫過一本書《赫雪爾與光明節小妖精》(Hershel and the Hannukah Goblins)，書中有個人豢養了一群邪惡的小妖精，他們決定在小鎮節慶上大肆破壞，赫雪爾以智取勝，一一把他們打敗。對付某個貪心的妖精時，赫雪爾送給他罐子裡的一塊醃黃瓜，但妖精想伸手往罐子裡抓一大把，結果整個拳頭卡在罐子裡出不來了。他氣急敗壞，對赫雪爾咆哮，赫雪爾於是對他說：「想要我告訴你怎麼破除這個魔咒嗎？」

「要！」妖精高聲叫道。「我再也受不了了！」

「放開醃黃瓜吧！」赫雪爾回答。「你的貪婪就是讓你變成囚犯的魔咒。」

我們並非愚蠢、貪心的怪物，然而害怕匱乏的恐懼卻讓我們張大雙手，處心積慮不斷抓取更多。只要我們還有恐懼，就會一直被它纏縛，儘管雙手滿滿，內心卻是害怕、不滿足的。放下恐懼與一味追求更多的驅策力，就是從它的掌控中解脫。我們可以暫停下來，想想如何與既有的一切過生活，想想我們的理財方式是否與自己發自靈魂的承諾一致。

把總是想獲得更多不需要之物的驅策力放下，能釋放出過去被消耗在追逐上的大量能量。我們可以將這些能量與注意力重新聚焦、重新分配，轉向欣賞、感謝我們既有之物、眼前既有的一切，並以此發揮影響力、帶來改變。當你利用既有的一切帶來改變時，它便會擴大。

安・林博(Anne Morrow Lindbergh)很了解「足夠」的巧妙特性，她在著作《來自大海的禮物》(Gift from the Sea)這麼寫道：

> 一個人無法搜集到沙灘上所有的美麗貝殼。一個人只能搜集少許，而如果它們只有少許，便會更美麗。一個海月貝，比三個更令人眼睛為之一亮……漸漸地，一個人……只保留那最完美的種類，它不盡然是最稀有的，但卻是同類裡頭最完美的。一個人會以它單獨存在、被空間所包圍的狀態來看它——如同一座島嶼。因為唯有在空間的襯托之下，它的美麗才能綻放。唯有在空間之中，事件、物體，以及人才變得獨一無二，因而美麗。

許多年來，我在募款領域和許多人一起工作、互動，其中有我們稱爲富有的人，也有我們稱爲的中產階級，甚至有經濟較不寬裕的人。無論哪一種人，當他們開始利用既有的資源，無論那是多少，選擇利用它們發揮影響力、帶來改變時，便能獲得滿足與充裕的體驗。當他們好好運用手上現有的資源來支持他們最高的理想與承諾、表達他們內心深處的價值時，他們對自身眞實財富的深刻體驗便會隨之向外擴大。

商業的充裕之道

曾經，我以爲商業世界與我和我從事的工作相隔遙遠，雖然我仍覺得，在商業環境裡，充裕原則必定也是有效、有價值的，如同在慈善事業、全球社經行動計畫，或個人蛻變方面一樣。日常生活的商業世界似乎是種發生在「別處」，而不是在「此處」的事。以我的募款工作來說，我幾乎都與個人來往，很少接觸商業領域或由大企業所支持的基金會，我們的路線似乎沒有交集。

同時，我也見過商業與企業以充裕法則爲基礎而發揮能量，獲致成功與永續成長的案例，而近幾年聲名狼籍的企業失敗案例——例如安隆(Enron)的破產——也是最好的證據，證明建立在「要得到我那一份，而且要快」那種匱乏心態的企業，即使短期獲利看似很可觀，也必然導致財務不穩定，最終無法永續。

我在撰寫本書期間了解到，許多鼓勵我趕快寫書的人竟都是世上成功的企業家或頂尖商業人才。有些是億萬富翁，有些則在商業、經濟、金融領域展現出過人智慧而備受尊崇。我們的交集多半發生在商業領域之外——分享彼此身為行動主義者與慈善家的共同興趣。我們是在這種背景下成為好友或同事的。

多年來，偶爾在從事顧問工作或透過單純的觀察時，我會目睹企業遵循充裕原則而獲得空前的成功，他們以最富創意與效率的方式運用資源，在服務與品質方面更將社會責任與深切的承諾結合為一。這些企業位於日本、英國、瑞典、德國、美國，以及其他同為高度競爭的環境，因此並沒有放棄追求獲利或拓展市場的決心，他們只是在追求目標的同時，在產品的開發、製造、定價，以及勞工管理、客戶服務等過程，有意識地專注在誠正原則上。

保羅．多倫(Paul Dolan)是費茲酒莊(Fetzer Vineyards and Winery)董事長，也是酒莊的第四代經營者，他熱愛釀酒產業，也熱愛這片土地和美食美酒。在發展永續事業這方面，他是位傑出的執行者、走在尖端的領袖，也是名活躍的慈善家，他是我們保護雨林計畫的合作夥伴。

保羅邀請我們一行和他一樣是「巴查馬馬聯盟」(Pachamama Alliance)雨林保護計畫合作夥伴的人，前往參觀位於加州霍普蘭(Hopland)的費茲酒莊。他想和我們分享公司驚人的蛻變過程——這個蛻變現在已逐漸發酵，拓及全美各地的釀酒業了。

在金錢關係上，保羅與同事非常清楚定位自己，要成爲負起社會責任並且獲利的企業。該公司的目標宣言包括以下承諾：

我們帶著環保意識與社會意識栽種、製造，並且行銷最高品質與價值的葡萄酒。

我們以符合人類精神、尊重人類精神的理念工作，承諾分享在一個適度而盡責的生活方式之下享受美食美酒的資訊。

我們致力於人類與本公司的持續成長與發展。

這份宣言在費茲公司旗下的所有產業及員工身上徹底實現。費茲公司的營運，始終顧及環境的永續發展。它以有機農法栽種葡萄，並向同業證明，其實並不需要使用除蟲劑、化學藥品，也不需以非自然方法處理土壤，那反而不利農作生長。

他們在地鼠爲患的葡萄園裡設置貓頭鷹小屋，貓頭鷹自然會限制地鼠的繁殖，而且貓頭鷹也爲整個地區帶來另一番美麗的景象。針對農地上某些惱人的害蟲，他們的方法是讓農地也成爲其天敵喜歡造訪的地方。

該公司也用同樣的環保與永續理念處理各方面的事務，從酒的釀造、保存，到電動卡車與穿梭園區的小貨車車隊等，無不遵循維護環境健全的原則。將酒推向市場的每一個步驟裡，保羅與團隊也採用環境永續、尊重地球的做法，同時還能製造出品質更優良、更美味的葡萄酒。他對土地、人民，及這個產業的熱愛，以及他努力讓公民在兼顧責任與適量的情況下享用餐酒的承諾，帶給我們莫大的啟發。他經營企業的方式著實令人讚歎不已，更了不起的是，他決心向人們示範土壤、作物、動物、昆蟲，以及整個自然循環的充裕性，使懂得此道理的人能以尊敬的態度對待它們。

最後，眞正令他的釀酒團隊、競爭者，以及整個世界眼睛爲之一亮的，是費茲莊園的獲利成長。此莊園是實踐環境永續法的夢幻樂園，不但葡萄酒品質絕佳，而且，每一年的營收都超出預期目標。保羅現在致力於示範自己獲獎的優質葡萄酒與獲利的經營手法，希望能改變全國，甚至全世界的葡萄酒產業。

與這位溫和的男士共處時，我見識到他如何深深擁抱充裕法則，在特定產業創造出結合這些法則與獲利的一方園地與對話空間。

現在，各地都有許多願意承擔社會責任的企業，他們力求突破，運用新的營運方式讓自己既能合理獲利，亦不會無可挽回地耗盡地球資源，例如歐瓦拉果汁公司（Odwalla）、巴塔哥尼亞戶外用品公司(Patagonia)、班與傑瑞冰淇淋公司（Ben & Jerry's）、營運資產通訊公司(Working Assets)、美體小舖、Esprit、介面地毯公司(Interface)等等，名單列也列不完。善盡社會責任的投資項目，是美國成長最快的資產類別。到處都有機會能讓我們生活在充裕的領域，有意識地選擇能尊重資源、禮敬「足夠」之智慧的產品與服務。

會不會這個時代驚人的革命性眞相就是：我們與金錢的關係是建立在一個未經檢視與質疑的一套假設上，而它根本是天大的迷思與謊言，只是不停刺激我們做出一些行爲，讓這些行爲剝奪自己夢寐以求的滿足感？會不會，要從這如脫韁野馬般無法永續的經濟與文化及時回頭、從這文明進化的可怕階段及時回頭，關鍵就是面對並擁抱足夠的眞相？——我們擁有足夠的東西、我們是足夠的，而且只要深入審視每一種情況，我們其實都擁有這樣的機會與潛力。

在接下來的章節裡，我們將逐步建立充裕的原則，並建立一套步驟，以邁向立基於充裕的生活。我們將用全新的眼光看待金錢，將金錢視爲如同水一般的一道金錢之流，而非一個我們必須不斷累積的靜態數額。我們會探究什麼是讓東西在價値、深度、品質，以及滿足感方面眞正增長的力量——這能透過欣賞的行動與力量來達成。我們會探究如何結合既有資源，通力合作創造出繁榮的新來源。我們也會探討與自然法則和人類本性一致的充裕原則，如何能成爲這時代的主導原則。

第三部

充裕之道：三個真相

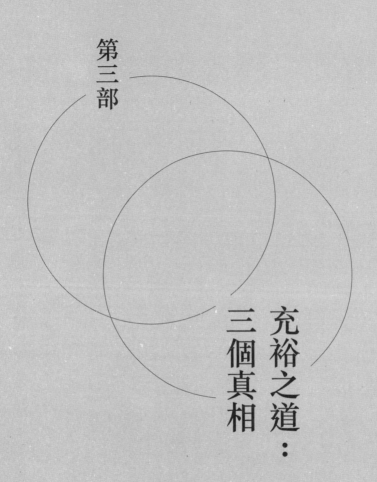

ch.5 金錢如水：我們如何感受這道流？

金錢是一道流、一個載體、一個意圖的管道。
金錢攜帶著靈魂的同意書。

我是在紐約哈林區一間教堂的地下室遇見葛楚的，也是透過葛楚，一位多數人眼中相對貧窮的女性，我才學習到一些這輩子最重要的金錢課題。我從葛楚那裡學到，金錢如水。

當年是一九七八年，是我從事募款工作非常早期的階段，有一位社區領袖邀請我去哈林區募款。當時我不確定去哈林區募款是否是個好主意，但基於對方的請求，我仍決定於某個星期三晚上前往該處。後來我又接到一通電話，要求我在同一天早上與芝加哥一間大型食品公司的CEO會面。那是一間知名食品公司，可謂業界的巨人，儘管往返芝加哥與紐約行程非常緊湊，我還是答應赴這兩個約。

解決了行程安排的問題之後，我便開始思考另一些重要的事。我開始想到與這間公司的人見面的實際情景，這可能是我接觸過的最大潛在贊助者。我該呈現什麼樣的形象呢？我會不會不小心在我的服裝上反映出關於反饑餓計畫的負面訊息？我對自己問著一連串平時根本不會出現在我腦海裡的問題。我準備這次會面時感到很不自在，感覺相當彆扭，而實際情況還要更糟。

我依然記得自己踏進芝加哥這棟大樓電梯時的感覺。那是一棟高聳雲霄的摩天大樓，光是搭乘一座電梯還無法抵達該公司的辦公室，必須搭乘一連好幾部的電梯，穿越一層又一層才會到達。隨著樓層越來越高，我也越來越緊張，開始冒起汗來。樓層越高，我越感到自己與其餘的世界脫了節，連空氣與聲音的品質都變得不一樣了，散發出一片寂然、令人肅然起敬的氣氛。我感到自己彷彿經過了一段攀登山頂的朝聖之旅。空氣似乎頗爲稀薄，我感到有一點暈眩。

我沒有獲得太多該贊助者的詳細資料，但我被告知：該公司最近遭受到公關方面的打擊——他們被判定幹了一些齷齪勾當，現在形象大跌——公司高層認爲，捐款給反饑餓計畫，成爲終結世界饑餓的贊助者，可以爲公司的形象漂白。

我被領進CEO辦公室，他就坐在桌子前，我則面對著他坐在桌子另一頭。他的背後有一大片落地窗，呈現出鳥瞰整個芝加哥市區的壯麗景觀，但因爲反光的關係，我幾乎看不到他的臉。我只有短短十五分鐘的時間，因此我迅速說明我們的任務、組織的工作，以及終結世界饑餓所面臨的挑戰。我談到饑荒災民們的勇氣，以及我們需要的夥伴關係，以協助他們發揮勇氣養活自己與孩子，爲健康而富生產力的生活創造出必要條件。當我說明完畢並提出我們的需求之後，他立刻打開抽屜，拿出一張已經開好的五萬美元支票，直接遞給坐在對面的我。

顯然他想讓我快一點閃人。他敷衍的態度與說話的聲調、語氣一再告訴我：他不是眞的有興趣知道我們的工作內容，或有興趣與資源貧乏的族群產生連結、爲終結饑餓的工作盡一份心力。這純粹是個策略性行動。他只是想卸下公司犯下的錯誤所帶來的罪惡感與羞恥罷了，他想讓公司在媒體上看起來好看一點。就純粹的財務觀點而言，這不過是一場簡單的交易：給我這張五萬元支票，爲公司購買一個挽救聲譽的機會。然而，就在他伸手將支票遞給我時，我感覺到這公司的罪惡感也從桌子的另一頭跟著這筆錢傳遞到我手中。他給了我這筆錢，加上該公司的罪惡感。

我們的會面有些尷尬，不過我是募款人，而且是個菜鳥，而且，我還有班機要趕呢。於是我把支票收進公事包，向他道謝後便踏上回程的路，先像走迷宮一樣穿越內層的房間、外層的房間，然後搭電梯穿越層層的樓層。

就在電梯一層層下降之際，我的胃覺得怪怪的——我知道那不是電梯引起的。我沒有半點高興的心情，即便我覺得自己應該要高興。這張支票是我從單一贊助者手上收到的最大一張支票，我也知道，回去後反饑餓計畫的每一個工作人員都會興奮不已。但我也覺得，接過這筆錢的同時，也連帶接收了該公司的罪惡感與羞恥。我的胃部有一點齷齪、噁心的感覺。最後一段電梯之旅結束，我走出大樓攔了一輛計程車前往機場時，覺得事情似乎尚未了結，但又不確定該怎麼做。

我在暴風雨中抵達紐約，趕往哈林區的一座老教堂。我走下教堂階梯，來到一間地下室，那裡已聚集了大約七十五個人，都在等候著這次的募款活動。這裡的環境與我幾個小時前才去過的頂層辦公室有若天壤之別。外頭下著雨，我們聚會的房間到處漏水，水桶被放置在牆邊的各個角落，承接滴個不停的雨水。來自外頭的雨聲，加上來自屋頂、牆上的漏水聲，構成了這間房間持續的背景雜音。我鬆了一口氣，但同時卻也更加自覺，這個社區聚會比大企業辦公室令我更自在些，但我也覺察到自己竟是唯一的白人面孔，而且我為了給CEO留下一個好印象而特別挑選的絲質套裝，現在顯得過分正式，感覺有點蠢。我向觀眾望去，明白坐在這裡的人並沒有很多錢可以捐獻。我開始向他們解釋反饑餓計畫幫助非洲饑民的努力，因爲我認爲那與他們的生命和背景最有關聯。接著，請求捐款的時刻到了，我手心冒著汗，猶豫著不知這是否是個正確的做法。我硬著頭皮提出了捐款請求之後，整間房子登時鴉雀無聲。

似乎經過了一段長久的靜止時光之後，一位女性突然站起來，她坐在後方一個靠走道的座位上，年紀大約六十好幾或七十出頭，灰色的頭髮中分，頭上挽了一個髻。她站立時顯得高大修長、身形筆直，神色相當自豪。

「姑娘，」她說，「我叫葛楚，我喜歡妳說的話，也喜歡妳這個人，」她接著說，「現在我沒支票簿也沒信用卡。對我來說，錢很像水。對有些人來說呢，錢就像滾滾波濤一樣湧進他們生命，而錢流過我的生命時只像一條細細的小水流，不過我還是想把它傳遞下去，讓它對最多鄉親發揮最大好處。我把它當做自己的權利與責任，這麼做我也很歡喜。我皮包裡有五十元，幫一位白人太太洗衣服賺到的，我想把它捐給妳。」

她從走道走來，把那五十美元交給了我，那是一堆五元、十元，以及一元紙鈔，然後把我抱個滿懷。她走回座位時，其他人紛紛站起來，分別捐出了五元、十元，二十元不等的捐款。我大受感動，開始哭了起來，我手上拿不了這麼多紙鈔，所以一度必須把公事包打開，放在桌上充當捐款箱。這些人魚貫上前捐款的時刻，感覺就像一場典禮，這都是發自內心的行為。我們收到的錢——或許最多五百元——對我而言比過去曾見過的捐款都更珍貴。我意識到，在那同一個公事包裡，這些零錢的下面，就是那張五萬美元的支票。我看見那張支票時也同時了悟到，葛楚的五十元對我更加貴重。而到最後，它所產生的影響力將比那張支票大上千百倍。

我從葛楚收到的那筆錢，攜帶著她決心有所貢獻、帶來改變的承諾——她靈魂的印章。當我收到這筆錢，不僅深深受到她的行為所啟發，她所展現的誠正之心與帶來的意義，更讓我如沐春風。我感到組織的原則與計畫獲得肯定，不只是透過她那五十元，更是透過她在精神上的貢獻。葛楚的錢來自她的靈魂，而不是來自企圖掩蓋罪惡感或購買任何讚美的銀行帳戶。那一晚，她為在場的人樹立了標準與典範，我也覺得這是「受到祝福的」的錢。這筆錢的精確數字或它能買到多少東西都已是次要，金錢在捐贈行為當中隨著意義、意圖與心靈能量流動時所發揮的強大力量，才是最為重要。葛楚教我的是，金錢的力量來自我們給予時的意圖，以及我們藉以將錢引導至全世界的誠正之心。葛楚送給我的這份禮物太棒了，她清晰的洞見幫助我重新找回我自己的。

隔天，我將那張五萬美元支票寄回給食品公司執行長，我感到如釋重負，彷彿將它所攜帶的罪惡感與羞恥也一併歸還原處了。我還附上一封信，建議對方另找一間他們眞正覺得願意承諾付出的機構，然後謝謝他考慮到我們。當時我沒有收到回信，但是若干年之後，這位CEO竟又與我聯絡，我們第一次尷尬的交易也隨之有了一個驚喜的美妙結局。本章稍後我將會分享這段經過。

匱乏vs.充裕：我們如何感受這道流？

葛楚教我金錢如水。錢流過我們的生活，有時像急流，有時又像涓滴。當它流動時可以發揮淨化、清潔、創造成長，以及滋養的功能，但是若它堵塞或被扣住太久，就可能變得遲滯，也可能對扣留或囤積者造成毒害。

如水一般，錢也是個載體。它可以承載祝福的能量、潛能與意圖，或者也可以承載控制、支配與罪惡感。它可以是一道洋流或愛之流——承諾的管道——也可以承載著傷害。我們有可能錢滿爲患，淹死在金錢過剩之中。如果我們不必要地築堤建壩，就是將它阻絕於循環之外，變成不利於他人。

在諸如此類的匱乏狀態下，錢不是以流動之姿出現，而是以數量出現，變成一種用來收集、保有、堆積的東西。我們用自己的淨資產來衡量自己的自我價值，而且永遠是「越多越好」。資產負債表上漏出去的任何一滴，都被我們視爲會貶損自己的損失。

若能讓自己深深根植於充裕之道，金錢在生活上的進出與活動便會變得自然。我們可以將流動視爲健康、正確的，繼而允許它流動，而不是對這現象感到憂心忡忡，或只顧拚命積攢錢財。在充裕之道裡，我們認知並且歡慶金錢的良善力量——「我們」藉以行善的力量——當我們引導金錢之流，讓它流向我們最高的理想與承諾時，便能獲得滿足的感受。當我們將世界視爲一體，其中每個人都足夠，我們也足夠讓每個地方的每個人都過得好，沒有人被遺漏，那麼我們的錢也會承載著這份能量，創造出讓人無論身處何種經濟環境都能感到有能力、有價值的關係與合作方式。

德蕾莎修女從不預留任何儲備現金。當我拜訪她位於印度的育幼院時，我曾問她對募款有何建言，她回答說她的募款方法就是祈禱，而神總是提供她所需的東西，從不多，也從不少。她運作組織的方式是沒有準備金的，她信任神永遠能提供所需，在她的經驗裡，神永遠如此。她的組織遍布一百零二個國家，有超過四百個中心，而他們似乎總是剛剛好擁有需要的東西。不會過多，但也不會太少。

多數人無法想像這種生活，我也絕不是在建議你應該這麼做，但是德蕾莎修女賴以成功運作好幾百萬美元的這個組織的理念，會讓你不得不對錢與錢的流動產生全新的看法。

分配 vs. 累積

幾年前，我的同事兼良師益友，也是反饑餓計畫董事長瓊安．荷姆斯（Joan Holmes），向贊助者提出一個挑戰，她說：「讓他人因你分配出什麼而認識你，而非累積了什麼。」我從未忘記這句話，從此更加覺知人們體現這句話的模式與習慣，留意它所帶來的影響。

在原住民的經濟體系中，生活之道的中心原則是關於永續與充裕——分享、分配、分送的價值，而非累積。普遍盛行的概念是「公用」的概念，還有它開放使用權給每個人的保護作用，而不是個人擁有與個人「股份」。在這些文化裡，所有東西都是從一人轉送或分享給下一人，重新接受、再重新給予，不斷傳遞下去，而且東西的價值總是越來越高。

驅動著大眾文化與民間智慧的匱乏迷思，鼓吹擁有、把持、收集與累積。在充裕的狀態下，累積到超出足夠太多的程度時，便會阻礙資源之流自由流動，找到能發揮它最高利用價值的地方。諷刺的是，匱乏滋生累積，乃至過量的程度，這讓我們擁有的過多東西開始貶值。我們背負著過量的重擔，堵塞了自己的思路與生活。我們變得對擁有物過分執著，可能會開始認爲自己就等同於那些擁有物，分享變得越來越困難，因爲當東西過多而貶值時，我們也隨之覺得自己更沒價值，必須獲取更多才行。

眞實的財富或幸福安康，無法在一張靜靜躺著不動的資產負債表裡找到，無論累積的資產再龐大亦然。財富，是我們在資源的獲得與進出之際，善用它來分享、給予、妥善分配，或者滋養、灌溉我們眞心相信並關心的事務、族群或目標時才出現的。適度的累積——儲蓄——在個人理財上是個負責任的做法。但是當這種「把持」阻礙我們把錢用在有意義、對生命有益的事情上時，金錢本身反而成了累積目標，變成通往幸福安康的障礙了。

血液必須在全身各個部位流通才會健康，金錢也只有在移動、流通，貢獻、分享，且被引導並投資在利益生命的人與事之上時才有用。如果血流遲緩，以至停滯或阻塞，身體便會生病。水流遲滯不動，也會產生毒素，累積並把持大量金錢，也可能對生活產生毒害。

如同葛楚的淸楚說明，錢不是以有限或累積的姿態流過她的生命，而是讓她在接受之後能將它引導至符合自己的最高承諾和最高價值之處。我們若能將金錢視爲一種流經生命與世界的東西，便會明白，它其實不屬於任何人，或可以說，它其實屬於每一個人。我們擁有的機會是允許這份資源像水一樣，以滋養最多人、發揮最大意義的方式流過這個世界。

可以這麼說，傑出的募款者就是金錢之匱乏能量的經紀人，他幫助人們以最有益且最符合他們對人類的志向與期望的方式來使用錢。可以說，最好的財務顧問就是能啟發客戶這麼做的人——亦即將錢投資在能爲有意義的、心滿意足的生活做出最大貢獻的地方。可以說，每一個人生命中都有管理金錢之流的機會，無論它以什麼樣的程度來臨。

海地有一句俗語說：「如果你得到一塊蛋糕，卻自己全部吃掉，你會覺得空虛。如果你得到一塊蛋糕，然後把一半分享出去，你會既吃飽又滿足。」我認識的人當中最快樂、最充滿喜悅的，就是將自己的資源引導至最高承諾的人——當他們有錢時，那資源就是錢。在他們的世界裡，體驗富裕的方式就是分享擁有之物，他們讓錢流通，用它來給予、分配並忠實地表達自己。

金錢攜帶著靈魂的能量

葛楚形容錢的小細流時，說將它傳遞下去讓她感到自豪，說她想讓它「對最多鄉親發揮最大的好處」。同理，對每個人來說，無論數量多少，錢都能成爲能量與意圖的攜帶者。

有許多財務資源貧瘠、也有許多財務資源雄厚的個人或家庭，將財務之流轉向能使心靈喜悅歡唱的目標與承諾，他們的錢攜帶著這份喜悅的、利益生命的能量進入世界，發揮貢獻力量。這些人沒有活在害怕失去擁有物或害怕不夠的陰影下。他們體會到資源帶來的祝福，認知並感謝他們恰如其份地擁有所需甚或超出所需，他們致力於以錢爲管道，或以錢表達感激與意義。世上一些最重要的社會機構與催化效應最強大的變革，都是由這些深受啟發的人提供金援的，而其中許多人只有中等收入。

我也曾與一些財產龐大的家族或個人密切合作過，其中有些人更因其龐大財富而受傷甚深。與一般人的信念剛好相反，他們之中有許多人的生活充斥著過度與空虛。當財富與特權變得稀鬆平常，當錢定義了一個人的生命與人格，害怕失去的恐懼常會深入心坎。一個人會爲了保有手中錢財並獲得更多而做出充滿防衛心甚至不顧一切的行爲，或利用擁有之物做爲控制他人的手段。生命變成不計一切代價要贏的競賽。他們所掌握的錢財，更放大了爲立於不敗之地而征服他人、貶損、矮化他人的能力。也因此，他們的人際關係也可能因策略運用和缺乏信任而冷酷疏離，陷入內在衝突與權力鬥爭的苦海。酗酒與吸毒在這種公認爲富豪的「上流階層」家庭裡十分猖獗。違背個人信任與親密關係的現象，則以性虐待和暴力相向呈現。這些富豪家庭，經常受到各種金錢文化所滋生的潛在傷害。

一個家庭的癒合：芭芭拉的勇敢抉擇

我經常看到人們在把錢給出去的同時，也將自己從累積與獲取的困境中釋放，並藉由捐獻體驗到新的人生經驗。芭芭拉是一位六十好幾的女性，也是某新英格蘭家族的第五代財產繼承人。從很久以前開始，財富就是該家族的主要標誌，因此家族裡外的人，對他們的認知不外乎就是它的錢。在一般人的記憶中，他們過的生活其實是低調的「世家」生活，不是當代富豪標準裡極盡奢華的生活。家族成員的任務是照顧這筆財富，保護它、代表它並且善用它，以增進該家族在大眾眼中優越而崇高的地位。挑選服裝、學校、朋友，甚至婚姻時，他們都被要求尊重家產、順從掌控財務大權的家族成員。家族成員在權力、特權，以及處理家產上的階級，直接反映出他們的個人價值。

對芭芭拉及其兩個姐妹而言，此繼承權反倒成了詛咒，它以酗酒的方式呈現，癱瘓了上一代的父母，使其無法對下一代善盡養育責任，又繼而製造出另一世代生活失控的富家孩子。

我在一九九〇年代初期遇見芭芭拉時，她正逐漸從酗酒問題康復，忙著協助她的三名成年子女面對上癮症與其他問題。由於肩負保守家產的壓力，還要擔心自己將錢揮霍殆盡，芭芭拉與親戚幾乎從不捐錢。不過，面對長春藤聯盟光鮮表面下波濤洶湧的種種危機，他們倒已經十分習慣。許多親戚與她的成年子女對個人生活與財務上接踵而至的災難，更是習以爲常。她發現，家產如此消耗讓她沮喪不已，被榨乾的不光是她的財富，還有她的精神。

我們會開始對談，是因爲芭芭拉有意成爲反饑餓計畫的贊助人。談話中，她談到自己渴望讓生命變得更有意義，也讓她的財富在這世上變得更有意義。她的第一次贊助是用匿名方式，因爲她知道此舉會激怒親戚，因爲他們認爲那筆錢將來有一天會變成「他們的錢」。然而，隨著她越來越投入，她變得越來越慷慨，更大膽地讓親戚們知道她參與的活動和贊助計畫。就如她所預言，他們相當憤怒——不過那只是一開始。後來，她主動招募他們投入實務，邀請他們參與合作計畫，幫助那些和他們不一樣、在艱困環境下仍力求開創自足生活的人。

就這樣一個接一個，她的子女和親戚們透過眞正的夥伴關係從專注於自我的生活方式走入了世界。他們對自己的看法改變了，在與其他人無私合作的過程中，能夠視自己爲發揮一己影響力而帶來改變，而且是有用、有生產力、有能力的合作夥伴，讓個人生活或家族情況都出現明顯好轉。芭芭拉成功轉變了家產的能量與流向。她帶著明確的意圖，利用它來療癒、建立更健壯的家庭——包括自己與別人的。金錢於是攜帶著這份能量與治療力量，又繞了一圈回到她自己身上。

了解這道流：錢財流向何方的眞相

你了解生命中的金錢之流嗎？你是否覺察到它如何來到你身上？是否有意義地將它分配至你想要它去的地方？若你能看清楚金錢流過生命的痕跡，便有能力知道自己當下與它的關係，以及你想利用它帶你去向何方。

如果你想獲得一個清晰的畫面，了解自己生活上的優先順序爲何，還有你是誰、你關心什麼，只要看看自己的支票簿、信用卡帳單和銀行對帳單就知道了，你可以在那裡看見金錢之流以白紙黑字呈現。你可能把錢花在買車、買衣服上，也可能花在教育、旅遊上。

錢流向你，或透過你流向他人的方式，與你的生命有很大關係。你的錢是否攜帶著具滋養作用與創造力的承諾與價值，透過工作、關係或既有財富來到你身上？或者，它來自消耗、剝削你和其他人或環境的工作或關係？若你和獲得金錢的方式擁有不健康的關係，很可能會對你的生命構成阻礙。我們賺錢、花錢的方式會產生它的效應，這其中是有差別的。在你與金錢的關係裡加進這樣的意識，將這道流的方向導正，是一件重要的事，它需要勇氣，但也能賦予你力量。

要了解這道流，就必須以不責怪的態度檢視它。我們可以觀察錢如何進來、我們如何花錢、儲蓄、投資、捐贈等，在這個人財務實情調查的任務中，我們會開始看見這道流代表著我們的價值觀。有時，你發現的實情符合你所認知的自己，有時則不然。當它不符合時，正是你重新檢視這道流，主動管理並引導它的大好機會。不評斷好或壞地如實了解這道流，能讓你更認識自己，據此做出有意識的抉擇，使花錢方式更符合你理想中的自己與你的最高承諾。

引導這道流：消費者的力量

運用承諾與誠正之心的力量將幾塊錢引導至世界，並不需要用到整個家族的財富。在我與芭芭拉合作的那些年，還有在其他幾千位贊助人身上，我見到的是無關乎金額多少的金錢轉化力量。當我們以個人身分刻意做出卽便是最日常的選擇時，便賦予金錢這份活生生的力量。我們可以有意識地將錢放在自己尊敬並且信任的事業、計畫、公司，或賣方手上，甚至也可以將納稅視爲表達公民應盡之責任與投資的方式。

我們引導財務資源的力量或許比你想像中更大，我們能用它來支持、強化並且表達我們眞心相信的東西。要引導這道流需要勇氣，但是每一次的選擇，都是投資於我們對這世界的展望。例如，我們可以有意識地選擇是否把錢花在對孩子心理產生暴力或破壞性影響的產品和娛樂上，或是否把錢投資在豐富生活經驗，並讓孩子更懂得欣賞、感恩的活動上。我們可以選擇是否「購買」成功或流行的形象，或選擇將錢投資在滋養內在生活上。我們可以利用錢這個偉大的資源來肯定一些公司，因爲他們的產品與員工支持我們的孩子與社區的健康幸福，或者，我們也可以不斷花錢追求更多，只因我們付得起，卻發現自己只不過在囤積一些最後變成了負擔、塞爆房子，而且淪落至垃圾場的東西。我很清楚，因爲我自己也幹過這種事！

阿雅的購物記：我的覺醒之鐘

當我的第一個孫兒阿雅在一九九九年出生時，我欣喜若狂，等不及要上街替她大肆採購一番。每一家嬰兒用品店、每一則嬰兒廣告，都引爆我的無限遐想，讓我一頭栽進粉嫩小女嬰的夢幻粉紅世界裡。她三個月大時，我的媳婦哈莉娜和我有次決定要一起去幫她採買衣服，因爲她出生時收到的嬰兒服禮物都太小了，而且也該是添購些新用品的時候了。由於我們平日都很忙，只有將購物行程安排在週末才能有一整天充裕的時間好好逛逛。我們約好在馬林縣（Marin County）一座距離我家約半小時車程的大型購物商場碰面。哈莉娜會帶著寶寶從奧克蘭出發，我女兒薩茉則從索薩利托（Sausalito）的家前來與我們會合。三個女人和一個寶寶——這樣的陣容，採購實力一定很堅強！

就在出門前不久，電話響起，我兒子查克瑞，也就是阿雅的爸爸打電話來。從電話裡的語氣可以聽得出來，他好像要告訴我一件滿正經的事。「媽，」他說，「我知道妳們今天要和哈莉娜去逛街，我想告訴妳一件重要的事，我們幫女兒買的產品，希望製造方式與過程都是讓人舒服、安心的。」

然後他列出一些不希望我們購買的店家名單。有一家全國連鎖的流行服飾店據悉雇用印尼童工。另一家頗受敬重的百貨公司，卻沒有任何禁止使用有毒染劑的政策。查克瑞和哈莉娜不願花錢支持這些公司。

查克瑞繼續說，態度溫和而堅定，說他希望不要買給阿雅太多超出需要的東西——他們不想落入過度的模式。然後他希望我購買的店家或品牌能實踐自然、永續的製造過程，還有公平的勞工政策。他們希望自己買到的東西——以及我爲他們女兒買的東西——能符合他們的價值觀，他這麼說，然後又列出了一些能找到那些品牌的店家。

我記得自己當時對這通電話感到多麼驚訝，他說的話與我腦海中歡樂採購行的畫面完全不搭調，我不會用那樣的方式來思考爲孫兒買衣服這件事。我的成長背景、教育訓練、我對待新生寶寶的方式，充斥著來自我的文化與家族歷史的聲音，我也沒有注意到，自己其實已經沉醉其中了。我把針對新手祖母們所做的瘋狂行銷照單全收，是兒子適時點醒了我。我居然完全不自覺地上了廣告的當。我，一個社會行動主義者，一個致力於阻止發展中國家使用童工並努力清理環境的人，竟絲毫沒覺察到自己的行爲——我打算爲可愛的孫女買任何東西，卻沒有意識到它來自何處、誰製造了它、如何製造、又會導致何種後果。

我也看見自己會購買遠超過寶寶需要的東西。一幕幕在我腦海中遊行的畫面，盡是一件件粉紅洋裝、靴子、小軟帽……，而那無意義的遊行就在我與兒子對話時踩了緊急剎車。我知道他是對的，哈莉娜也是，她以前也和我提過相同的事。然而，要落入購物衝動，把我的良心消費習慣留到明天再說，竟是如此容易。我所有的專業訓練、見證亞洲殘忍血汗工廠的畫面，還有我所有的承諾，都在這趟打算爲孫女大肆採購的狂歡購物中抹煞殆盡。兒子敲響的覺醒之鐘提醒了我，讓我看見自己並未將學習到的功課應用在現實生活裡，至少不是在我自己的現實生活，也不是現在。

我面紅耳赤，但仍覺得感激，並且承諾會尊重他的請求。我和女兒、媳婦在購物商場碰頭，我們也帶著一種我從未有過的意識來採買。我們會仔細看標籤，會提出問題，會去了解布料與材料原產地。我們選擇那些了解產品背後製作者的店員，而且也買了恰恰好的衣服件數，可供小阿雅穿上幾個月。

採購結束時，我不再因購物興致被設下種種限制而感到躊躇不前了，反而感到相當興奮！爲孫女採購可愛東西的喜悅反而更加高漲，因爲我將錢投資在那些織出這些毛衣、縫了這條毯子的公司與生產人員身上。付錢給體貼而專注的商店服務人員，感覺好棒！總結這趟購物行，我們都獲得了滿足感與成就感，也沒有抱著阿雅根本用不完的一大堆東西回家，而是僅爲她幼小生命的未來幾個月，購買了適量的衣服與用品。善加引導金錢之流，將它投資在符合自己價值觀的事物、讓它分配至令我覺得舒服的人與地方，是多麼令人滿足的一件事！

募款：金錢之流與靈魂的一扇窗

我喜歡向人要錢。募款是我的天職，不是可怕的工作或沉重的義務，像人們有時認爲的那樣。募款是件辛苦的工作，但我也相信，募款是件神聖的工作。它提供一個能發揮極大力量的特殊機會，讓我能與另一人展開親密對話，了解他的最高承諾與價值觀之本質爲何。這些對話也讓他們能將流經生命中的錢，以某種方式移向這些最高承諾。募款就是關於「流」：釋放它、邀請它、引導它，並且讓人們在流動的每一個階段，在這道流的滋養中體驗自己。

向全球各地人士募款的過程中，我發現每一個地方的每一個人都想貢獻他們的錢為世上帶來改變——無論他們擁有的只是幾塊錢的印度盧比或贊比亞的克瓦查幣（kwacha），或幾百萬日元、幾千萬美元。無論哪一層次的慈善事業，都能讓人重新接觸他們與金錢的關係。在慈善事業的互動裡，我們可以回歸至金錢的靈魂：在此，金錢是意圖的載體、一股能量，一種代表愛、承諾與服務的貨幣；金錢是灌溉我們最關心之事的一個機會。

當我們處於靈魂領域，便在流經生命的錢裡注入了這股能量。這種心靈的連結創造出我所謂的「受到祝福的錢」的一道流，這樣的錢擁有驚奇的能量。雖然我鮮少向大企業與基金會募款，但我知道，這些機構的決策終究仍是由個人所做，而當一個人以貼近靈魂的方式真心投入，他們對錢所做的承諾的確能滋養世界。

做為一個募款者，除了很榮幸能與他人進行這種親密而啟發人心的互動之外，我也見到人們繼承了自己的財富。我的意思是，他們深刻體驗到財富，而且對許多人而言還是頭一次。這種事甚至不只發生在貧窮線以下的人身上，也發生在數一數二的富豪身上。真正的富裕來自分享、表達出你不僅擁有，而且足夠。印度詩人泰戈爾的優美詩句充分道出了充裕的體驗：

我住在大路陰暗的一邊，隔著路觀望我鄰居的花園在陽光下狂歡。

我感到我的貧窮，就懷著饑餓沿門挨戶地走去。

從他們漫不經心的豐富中給予我的越多，使我更自覺我手持的是乞者之碗。

直到一天早晨，我的房門突然開啟，我從睡眠中驚醒，你前來要求賑濟。

失望地我打開我的箱蓋，驚訝地發現我自己的財富。

（譯注：出自《橫渡集》第四十七篇。此處採用裴普賢翻譯、靡文開主譯之譯本，《泰戈爾詩集》，三民書局，一九七四年四月七版）

募款提供我一個置身這道流之中的機會——包括錢的大河流與小水流，然後協助引導它投入處理世間生命裡最深沉的需求與渴望：終結饑餓、改善健康與識字率、照顧兒童、照顧病者與垂死者、保護地球並有智慧地管理自然資源、在全球各地創造健康蓬勃的社區，讓它支持並利益生命。

許多像我一樣的人將這些事當做一輩子的工作，他們所服務的機構提供了一個完整的架構，讓金錢與承諾之流得以從此處到彼處，然後回歸原處。但是畢竟，每一個人——包括你、我、你的朋友和鄰居、在超市排隊結帳時站在你前面的男人、你後面那輛車子裡的女人——我們全都站在金錢之流當中，而且擁有引導這道流的大好機會。我們每一個人都能在這道流之中發現自己的充裕、自己的蓬勃、自己的足夠感受，還有自己的財富。

CEO的未竟之事

我永遠不會忘記葛楚。自從一九七八年的那個夜晚，她與我在哈林區教堂分享了那一番話之後，她便停留在我的記憶中，陪伴我出現在每一次的募款互動裡。我從她身上學到的功課，以我始料未及的方式繼續發揮著作用。無論最後的結果如何，當天的衝擊已悄然改變了我的生命，但是若干年之後，那天的另一件事，出現了令人驚喜的結局。

反饑餓計畫當時已成長爲一個更爲大型，能見度也提高許多的組織，我們的成果紀錄亦隨著每一個月、每一年越來越可觀。在我與芝加哥大型食品公司CEO的尷尬會面，又因在哈林區猛然領悟而決定退還他支票後的五、六年，我突然收到了他的來信。他說他後來退休，而且因爲身爲公司領導階層而享有極爲豐厚的退休福利。信中，他與我分享自己生活十分優渥，遠超出他的所需。他說，要不是因爲我寄了一封信給他並退還支票的奇怪舉動，我們之間幾年前的互動，他可能老早就忘記了。退休之後，他回顧自己漫長而豐富的職業生涯，有一件事突然跳了出來，就是我們的互動、那張退還的支票，以及解釋我們尋找的是眞心承諾的夥伴的那封信。它之所以跳出來是因爲那是影響深遠的一刻，當他所學到的一切美國企業規則——也就是你可以做盡一切來提高獲利——這些規則因爲一個在他世界之外的人退還了這筆公司的錢而打破了。

在退休之際回顧有意義的時刻，他發覺，自己其實眞的想爲終結世界饑餓貢獻一己之力。他眞心想用他有權控制的錢帶來改變，而且他現在也可以看見，爲終結世界饑餓做出有意義的貢獻是有可能的。因此，他自掏腰包，並且再次肯定自己的承諾，以個人名義捐給反饑餓計畫超出退還的五萬美元多上好幾倍的錢。他是發自靈魂深處來做這件事的，他說，而且對他來說，也算是圓滿一件懸而未決的事情。這是他完成這件未竟之事的方式。

而對我來說呢，我也永遠不會忘記這一刻——當我打開這封信，看見那張支票，再次體會了當金錢注入了意義與誠正之心，並與我們的靈魂和諧一致時，它的力量有多麼大。這是一次勝利！葛楚的勝利，募款的勝利，以及這位男士的勝利，他以慷慨的態度娓娓訴說了一個提振生命的互動經驗。

無論流經你生命中的錢是多是少，當你以發自靈魂深處的目的引導這道流，便能感受到富裕。當你用錢代表自己，而非只對市場經濟做出反應時，你會感覺生氣蓬勃、充滿活力，這也是你是誰的一種表達。當你讓金錢朝著你所關心的事務流動，你的生命也被點亮了。這才是金錢的眞正功能。

ch.6

凡你欣賞之事必會增值：困境的逆轉力

在充裕的狀態之下，「欣賞」成了一個威力強大的作為，藉著刻意的關注，它在既有的價值上創造出新的價值。

你欣賞的東西將會增值。這在我們的金錢文化裡是眞的——熱門地區的熱門房子房價年年上漲。在我們的人際關係上，這也是眞的——我們若欣賞某人的特殊品格，這些特質在我們眼中就會顯得特別突出。在商業上，這也是眞的——公司對員工的承諾能激發出員工的榮譽感與優秀表現。這個簡單卻強而有力的行為「欣賞」，能擴大我們對自由、對創造力，最終是成功的體驗，特別是在我們與金錢的關係上。欣賞，是充裕之中那顆跳動的心臟。

在充裕的狀態下，欣賞成為力量強大的刻意行為，能夠藉由刻意的關注，在我們既有的價值上創造出新的價值。我們的關注放大並且豐富了我們對眼前之物的體驗。

我們有機會在自己的金錢關係上引導自己的注意力，這麼做也等於賦予自己力量。它將成爲我們是誰、我們是什麼樣的人——當我們允許嫉妒、欽羨、怨恨，甚至復仇成爲關注焦點，我們在處理錢時就變成嫉妒、欽羨、怨恨、仇視的人。當我們能將注意力引導至創意、勇氣與誠正原則，無論我們從事什麼金錢互動，也都會體現那些特質。

當你將注意力放在缺少、不足的東西——生命、工作、家庭、居住的城鎮等——那麼那些就眞的成爲你的一部分，那是你唱詠的歌、你製造的願景。你陷入缺乏、渴望、缺少的東西裡，而且引發他人也產生相同的體驗。如果你的注意力放在金錢的問題與失敗上，或信奉「不夠」、「越多越好」，或者「事情本來就是如此」的匱乏思維，那麼，那就成爲你意識停駐的所在。那些想法與恐懼將因你賦予的注意力而增長，還可能進一步全面接管你的生活。無論你擁有多少錢，永遠都不會夠。無論多少數量的錢，都無法爲你買到內心眞正的平靜。你擴大了匱乏的存在與力量，更讓它把你的世界掐得更緊。

如果你的注意力是放在自己有能力支應自己與家庭，而且可以用有意義的方式爲他人的幸福做出貢獻，那麼你對自身擁有之物的體驗也會獲得滋養，進而成長。即使處於逆境，若你能欣賞自己去面對、學習，並從中獲得成長的能力，你也能創造出不可思議的價值。在欣賞之光的照耀下，你對蓬勃富裕的體驗將逐日增長。

我們可以利用自己的欣賞——我們有意識的關注與意圖——在金錢領域掌握要領，藉此轉化我們的金錢關係，讓它成爲一個充滿成長與自由的開放空間。這是眞實不虛的，我從一般人稱之爲「窮人」的身上頭一次學習到這件事。我在幾乎沒有水、沒有食物，也沒有任何理由解釋人們爲何能存活下來的地球角落，學習到這件事。

豪勇七蛟龍

孟加拉是個人口多達一億四千多萬的亞洲國家，土地面積大約只有愛荷華州這麼大。它曾經擁有大片熱帶雨林、物種豐富的動植物，還有豐富的天然資源。一九〇〇年代，由於外國勢力不斷介入，孟加拉森林被砍伐殆盡，土地也因爲戰爭與拙劣的土地所有政策而受到無情的摧殘。過去茂盛的森林與作物不見了，季節性洪水大舉肆虐這片土地與人民，造成的災情也比過去更爲慘重。一九七〇年代，孟加拉被聯合國列爲世上第二窮的國家後，隨即成爲另一波洪流的接受者——救濟的洪流，而這也使它在短時間內變成了幾乎完全依賴外來援助的國家。孟加拉開始在全球被貼上「需要幫助」、「無助」、「一個國家大小的巨型乞丐碗」

等標籤，甚至連它國內的人民都如此看待自己。孟加拉人被說服了，認為自己是無助的，甚至連最低程度的生存都必須依賴他人才能辦到的無助人民。村落與社區陷入崩解的惡性循環，居住在錫爾赫特（Sylhet）地區村落的居民於是放棄了，計畫離開該區域，到別處去找其他工作糊口，或派男性到比較大的城鎮找工作，再把賺到的錢寄回貧困的家中。

錫爾赫特位於孟加拉北邊的丘陵地區，每年的季節性水患通常會淹沒鄰近較低窪的地區，但它高聳的地勢剛好足以躲過洪水。難得保持乾燥的丘陵地，卻被入侵的多刺叢林全面占據，這種植物所結的唯一果實就是一種有毒莓果。這些樹叢全部糾結成一大團，活像一把巨大的荊棘——難以接近，茂密且危險。當地有一塊雜草蔓生的土地，一向被視為政府所有而且禁止當地農民開發。那些多刺又有毒的植物不斷向外繁衍，囂張地入侵村民耕作的那一小塊耕地，取代了原有的作物，更毒害了耕地。

幾個世代以來，村民靠著政府給他們的那一小塊耕地苟延殘喘，但現在甚至連苟延殘喘都快變成不可能的任務了。年輕人跑到街上行乞、偷竊，犯罪率創下史上新高。村民似乎已決定放棄那片整治困難且毫無產能的土地，決定鋌而走險。許多人乾脆拋棄家園，遷到別處，或不再對維持完整家庭懷抱希望而把男性送到外地謀生。村民間迫切需要展開實際的對話——他們可以搬去哪裡或者把男性送到哪裡，才能耕種足夠的糧食，或賺到足夠的錢來養活全家人？有人也談到要求美國提供經濟援助，好讓他們不必工作就能購買食物和其他物品。他們已經放棄了，他們累了，認命了，覺得答案一定在某個別處、在某個別人身上。他們眞的覺得不可能靠自己解決問題。

大約這時候，反饑餓計畫的工作在孟加拉正逐漸活躍。孟加拉多的是獨立的救援組織，他們已經成就了許多壯舉與非常具有啟發性的事業。然而，讓情況持續獲得改善的似乎是來自孟加拉人自己率先倡導的一些計畫，例如由尤努斯(Muhammad Yunus)所創辦的，如今已十分知名的「葛拉敏鄉村銀行」(Grameen Bank，譯注：Grameen是孟加拉文的鄉村之義)微型信貸計畫，專門提供小額資本貸款給那些辛勤做事，手上卻苦無現金的婦女。另外，由孟加拉領袖法伊薩・阿貝德(Faisal Abed)所創辦的農村發展委員會ＢＲＡＣ，也發展得很成功。而對該地區人民不熟悉的外來人士所發展的計畫，反而經常以失敗告終。

其他地區的這些成功經驗使我們更加堅信，孟加拉人民自己，才是這個國家未來發展的關鍵要素，外來援助只是有系統地從心理上把他們變成一群乞丐罷了，無法讓他們成爲自己未來的主人。

形成有效夥伴關係的第一步，就是共同深入探討孟加拉文化——他們對自己的態度和信念、他們爲何如此認命並放棄希望。我們逐漸明白，由於長時間依賴救濟，這些孟加拉人已喪失了靠自己能力獲得成功的念頭，也無法想像自己的國家會成功。大家一起開會的時候，孟加拉領袖決定，如果能重拾那喪失的東西，就能讓這些人變得獨立、自足，而那個東西就是他們必須看見自己的力量與能力。身爲合作夥伴，反饑餓計畫承諾發展一個經過特別設計的計畫，用來協助孟加拉人重新連結上他們對自己與國家的願景，同時意識到他們當前既有的資產，進而發展出使想法落實爲行動的策略。基於這樣的承諾與夥伴關係，「願景、承諾與行動工作坊」誕生了。它邀請參加者進行一系列的小組討論與觀想練習，讓他們開始想像並看見一個獨立自足的孟加拉人：一個他們好幾年前就在獨立運動中奮力爭取的，健康而且蓬勃發展的孟加拉。

由於孟加拉人口衆多，不管召開任何一種會議，很容易就有好幾百人甚至好幾千人來參加。人們通常會在村落的公園或廣場聚集。首都達卡(Dhaka)有一座能容納一千多人的公園，我們就在那裡舉辦了初期的幾次工作坊。我們對聚會進行宣傳之後，一到指定時間，公園便擠了滿坑滿谷的人。如果你能想像，這可一點都不像什麼鄉村靜修營，而是在一根草都難得一見的公園裡，擠了好幾百個人，這些身材嬌小、棕色皮膚的美麗的人席地而坐，彼此緊靠在一起，其中還有許多嬰兒與小朋友，各種年齡層的人都專注地坐著，靜候著聆聽我們帶來什麼有用的訊息。

會議一開始先播放音樂，由社區領袖提供簡短的介紹與引言，然後帶領大家做一些初步的互動，目的是將群衆的能量與注意力引導至眼前的任務上。接著，節目正式開始，我們要求每一個人閉起眼睛，想像一個獨立自足的孟加拉到底是何模樣：如果孟加拉是一個出口優質產品的國家，會是什麼模樣？如果孟加拉以它的藝術、音樂，以及詩歌聞名於世，會是什麼模樣？如果孟加拉是全球社群的贊助人，而不是一個接受救濟的大型受領者、大型乞丐碗，是何模樣？如果孟加拉的領導階層，包括孟加拉女性、孟加拉男性、孟加拉年輕人，都能對社會有所貢獻，又是何模樣？

起初，公園裡的人群肩靠著肩、動也不動地坐著，眼睛緊閉，面無表情。一陣「噓——」的聲音隱沒在群衆裡，而一張張的臉仍是動也不動，眼睛依然緊閉，似乎在沉思。幾分鐘後，我注意到有一個人的臉龐有淚水滑落，然後，一個接一個……。人們依然緊閉雙眼坐著，但卻默默在哭泣。接著，流淚的臉龐已經不是三個、四個，或十個、二十個了。在這超過一千人的聚會裡，有好幾百個人在流淚！彷彿他們這輩子從沒想過自己能夠獨立自足，或成爲一個贊助他人的國家，從無法想像自己的國家能爲其他國家做出貢獻、能夠脫穎而出、能夠擁有令人敬佩的特質、能在世界大家庭裡扮演一個獨一無二的角色。這是個勇敢的新想法。

結束這項觀想練習之後，人們互相分享彼此在自己的村落、家人、學校、住家、事業、孩子、孫子等各方面看到的願景。這個畫面逐漸變得豐富、眞實而鮮活，令人欣喜雀躍。一個新的未來誕生了。

在工作坊的下一個活動裡，參與者受邀承諾實現他們的願景。我們要求他們，不能光是想像，更要許下承諾承擔任務，成爲那個使願景成眞的人。我可以看見他們丟下焦慮和恐懼，拋棄缺少與不足的感受，走近自己的創造之物並承諾付諸實行。在練習中，我看見人們的姿勢與面部表情出現了變化，人們似乎看起來更強壯了。這種決心與堅定的態度是有傳染力的，不可能的事似乎都會變成可能。最後，他們終於分成小組，合力規畫接下來要採取的行動以履行承諾、實現願景。這些行動計畫具備務實、草根與可行性，符合他們的新承諾，同時以實現願景爲目標。人們似乎已經能夠將自己、家人、村子，乃至國家，視爲擁有才能、擁有充沛資源、擁有力量——獨立，而且自足。

沒多久，許多地方也開始舉辦這樣的工作坊與集會，有些在城市舉行，有些在村落，有些則在小家庭進行，而每個禮拜天，達卡的廣場更有數千人同時參加聚會。

剛好有一次，錫爾赫特村落的其中一位領袖在前往達卡時，誤打誤撞地參加了「願景、承諾與行動工作坊」。他名叫濟魯，原本要去城裡探望表親，但這位表親邀請他一起去公園，看看這個工作坊葫蘆裡賣的是什麼藥。濟魯原本不想去，因爲他想和表親討論將家人從錫爾赫特搬來與他同住的問題，好離開他們那荒廢的村子。濟魯也希望能在城裡找到工作，讓他與家人展開新生活。然而，在他表親的堅持勸說下，他們還是一起去了工作坊。

工作坊的體驗完全虜獲了濟魯的心，他猛然覺醒，對村子與周邊社區許下了自己的承諾。他在達卡又多停留了三天，接受工作坊帶領人資格訓練，然後帶著所受的訓練與他的願景回到了錫爾赫特。

返家後，他召集了六位他最要好的男性友人，帶他們一起進行了一次工作坊。於是他們有了共同的願景，許下承諾發展該地區人民與自然的資源。這七個人想出了一個主意並擬定好計畫，預備發展新的農產綜合事業，目標是帶領整個區域脫貧，進而獨立自足，最終走向繁榮與富裕。他們將這個計畫命名爲「超提計畫：邁向自足的大膽步驟」（Chowtee Project: A Bold Step for Self-Reliance）。

我在四個月後來到錫爾赫特，那是一九九四年四月，當時我與另外十七位全是反饑餓計畫主要贊助者的同伴一同前往。濟魯邀請我們到那裡，向我們介紹他與朋友們在該區域促成的進步，並且謝謝我們爲他的國家與人民所做的貢獻。他與朋友們——我們後來稱他們爲「豪勇七蛟龍」（The Magnificent Seven，譯注：一九六〇年代好萊塢經典西部片的名字，由尤・伯連納主演，描述七名鏢客合力對抗匪徒以保護農莊的故事）——向我們描述這地區的轉變，並展示這段時間的成果。

濟魯與我們分享自己十二月時參加了達卡的工作坊之後深受啟發，能用全新的眼光看見他與村民們眼前擁有的資源，而決定發展一個願景、一個承諾，以及一套行動計畫。他的六位朋友加入這項計畫後，下一步就是檢視他們過去所忽視的現有資源。就在村落的邊緣，有一塊休耕、貧瘠的政府農地，上面覆滿了長著有毒莓果的荊棘叢林。這七個人前往拜會政府官員，獲得許可清除其中十七英畝土地上的糾結植物。接著，他們走訪社區，籌措購買設備與用品的經費，人們紛紛從原本就已不多的存款裡掏出錢來支持這項計畫，讓他們籌到了所需的數千元塔卡(taka)——當時大約七百五十美元。最後，他們在這個一萬八千人口的村落裡，帶領其中六百人進行了他們自己版本的「願景、承諾與行動工作坊」。

這六百個人又分頭展開他們的工作，沿著這塊地的邊緣開路並開始清理的工作。政府對他們的願景，以及他們明確的目標與努力刮目相看，於是又撥了另外一百英畝的土地讓他們開發。他們訓練那些變成乞丐與罪犯的年輕人，帶領他們開墾、耕作，也訓練多數是寡婦的赤貧婦女耕作。清理土地的過程中，他們意外發現了一座從前完全不知道的湖泊，以及一條滿是魚兒的小溪。

如今整個地區有好幾百個人都投入耕作、收成食物及漁獲、增加訓練與就業機會。當地的一萬八千名居民都從這個活動獲益，一個曾因貧困而近乎毀滅的地區，現在已能自給自足，一步步走向光明的榮景。該地區的犯罪率，也減少了驚人的百分之七十之多。

我們與濟魯，還有「豪勇七蛟龍」的另外幾個人在田野間漫步，然後參觀了漁場和訓練場。人們所展現的活力、喜悅和成就，著實令我們驚呼連連。與他們走在一起時，我了解到他們幾乎沒有藉助任何外來的幫助就完成了這個壯舉。他們一直擁有一切所需——土地、水、才能、體力，以及將這些全部結合在一起的能力——他們只是處於「第三世界」的救濟氛圍之中，置身伴隨而至的無望與假定無能的影響之下，才與那些資源失去了聯繫。一旦他們受到啟發，轉而用不同的眼光看待自己，視自己爲強壯、有創意、有能力的人，他們投入的程度是無所設限的，成功只是早晚的問題。

望著這片田野，它曾布滿密密麻麻的荊棘叢林，我不禁想到我們自己的生命，那些叢林就像覆蓋住我們夢土的東西，那暫時遮蔽我們的內在視野或觀看能力的東西。在他們的世界裡，是這片叢林與「救濟」所傳達的困惑訊息不斷告訴他們：他們無能、需要幫助、無法靠自己辦到。他們曾經深信不疑，而只要他們繼續如此相信，便永遠無法看見眼前既有的資源。一旦將他們關注焦點轉移至自己無限的內在資源，物質的外在資源便會瞬間出現，隨時供他們取用。他們開始能夠看見，自己需要的東西其實一直都在。

我一直記得「豪勇七蛟龍」的故事。當你被受害者心態壓垮，就和他們從前一樣的時候，你那夢想、展望的能力也會一起被壓得粉碎。它死去了。每當我發現自己辛苦摸索著非我能力所及之事，腦海中就會出現他們的話語，這時我便明白，如果我能重新由內向外看，接觸並且欣賞那既有的東西、已經可用的東西，那麼它的力量、它的用途與恩典，便會在我投以關注的滋養之下增長、興盛。

欣賞式探詢：正面的變革理論

欣賞的力量一向被視爲打造成功組織的工具，它的適用範圍極廣，對象可以是一個農民社區、一群工廠員工、一個擁有千人員工的企業，或一個社區服務計畫的區區幾位義工。

大衛・庫伯萊德(David L. Cooperrider)與戴安娜・惠妮(Diana Whitney)，夥同他們在組織理論與人類發展領域的研究與諮詢團隊，提出了「欣賞式探詢」(appreciative inquiry，譯注：常縮寫為AI，亦有人譯為「肯定式探詢」)這一概念做爲變革的正式模型。他們在著作《欣賞式探詢：反思人類組織以邁向正面的變革理論》(Appreciative Inquiry: Rethinking Human Organization Towarda Positive Theory of Change)一書中建議，我們應將參照標準從「解決問題」轉變成識別任何群體中的可用資源，以啟發、動員，並且維續正面的變革。

如果我們從正面假設出發，假設「做爲人類關係中心的組織，不但是『活的』而且擁有無限的建設性能力」，那麼，他們問道：我們對於變革的作爲會有什麼不一樣？

運用「欣賞式探詢」法，我們「尋找人、組織，以及相關一切的最好面向。」欣賞式探詢是「有系統地發現何者賦予一個活的系統『生命』，使其在經濟、生態，以及人類層面發揮最有效率、最具建設性的能力。」他們說，尋找何者能成功而非何者不能，而且「與其否定、批評、不停增加診斷項目，不如去發現、夢想和構思。」

我們生活上的金錢事務，有那麼多是繞著問題導向的匱乏假設打轉，人們不停增加問題的診斷項目，追求遠在天邊的解決之道。如果你能夠反過來，將全副的注意力與欣賞眼光聚焦在既有的東西上，那麼，你當下就能立刻體會到隨時供你取用的豐富資源。你會體驗到充裕感，而那就是你本來的樣子。你產生如此的願景，然後號召其他人加入這樣的體驗。在充裕的狀態下，生命的每一個面向將因你能擁抱它、能從中學習與充分利用而成爲資產。你欣賞什麼、如何引導你的注意力，決定了你的生命品質。

這份欣賞的力量，每個人隨時隨地都可以獲得。你所在的國家或文化或許和孟加拉不同，但是我們在金錢事務上時而感到的焦慮、恐懼、屈從認命與無望之感，可說是一模一樣。

欣賞我們本是、本有的一切，就能重新看見新的可能性，進而勾勒出清晰的願景，許下承諾，然後付諸行動。

奧黛麗的故事：找尋自身價值

奧黛麗，四十二歲，和對她施加情緒暴力、被捉姦在床的老公離婚時，還是個全職家庭主婦、妻子，以及年少女兒的母親。他們結婚將近二十年，在丈夫的施壓之下，奧黛麗放棄上大學與成爲傑出藝術家的機會，專心做個全職的家庭主婦。這幾年來，奧黛麗偶爾也會想起她的夢想——建立自己的兒童服飾設計事業——但卻屢屢遭到丈夫與公婆的阻撓。他們告訴她，她不夠聰明，而她竟相信了。

她的丈夫出身富豪之家，非常有錢，但他卻鑽法律漏洞，禁止她接觸他的資產。

離婚的訴訟程序中，關係惡劣的丈夫每一次提出的離婚協議書對她都宛如一種懲罰，一再打擊她，讓她再度受創，因爲丈夫提醒她——這次是以「低價」表示——她這個人還有她在婚姻裡付出的時間與生命，對他是一文不值的。「我沒有價值」就是那個金錢咒語，就是她從婚姻經驗裡學習到，用來懲罰自己的終生監禁。現在，它還是個「正式的」訊息，在離婚協議書上清楚地以法律用語呈現。

隨著每一天、每一次的開庭過去，她對丈夫的欺騙行爲感到越來越沮喪、憤怒、而且氣餒，先是失去她原本以爲會相守一輩子的婚姻，然後，從務實的立場來看，又失去她原本以爲屬於自己的那一部分財產。她越來越悲觀，不知道自己有沒有能力找到工作。

她最害怕的事如同步步逼近的巨大陰影：萬一她的收入不夠，無法負擔房租、無法獲得兩個孩子的撫養權怎麼辦？萬一她眞的變成一個無能又失業的人，就像丈夫老是這麼說她的，該怎麼辦？她的心籠罩著恐懼與自我懷疑，腦海裡災難發生的畫面揮之不去，根本無法想像自己與孩子有什麼光明而富裕的未來。有許多的日子，她滿腔的憤怒與恐懼失敗的強烈情緒讓她形同癱瘓、無法行動。

奧黛麗和我認識時，正處於這段低潮時期——收入與自尊兩方面的低潮。我們利用她與金錢的關係做爲三菱鏡，用它來發現新的洞見並產生療癒的力量。

我們將話題轉至辨認奧黛麗的眞正資產：她的才華與技能、希望與夢想，以及她在親朋好友裡擁有的資源等等。由於自覺沒有價值已經這麼多年，一時要奧黛麗覺得自己擁有什麼資產、擁有任何值得一提的內在財富，並不是件容易的事。

我們先從那些奧黛麗已知的，給予自己無條件的愛並欣賞她、相信她的人開始數起，他們也是一種資產。她想起和兩個女兒親密而貼心的關係，這和錢無關。她想起父母與兄弟，他們雖然無法在物質上提供太多資助，但對她的愛與鼓勵卻始終沒有動搖。她想到自己最親密、最信任的老朋友，還有其他最近才建立的友誼，這些人共同爲她的生命營造出充滿愛與幸福的氛圍。當中沒有任何一段關係必須用錢做爲黏膠把他們結合在一起，這當中只有愛與欣賞。

她一一細數每一個人，總共大約二十來個，然後我請她說出他們曾對她表示欣賞的特質。她害羞地笑了一笑，便開始回憶朋友們對她說過的話。就和我一樣，他們眼中的她不但聰明伶俐、富有創意、慷慨、熱情、有決心，還擁有絕佳的幽默感。

我們認定，這些人格特質是比她能夠擁有的任何東西，或比銀行存款裡的錢更有價值、更無限制的資產。這些是有些人花了一輩子的時間努力培養的資產、金錢買不到的特質，而奧黛麗本來就有了！

我們坐在那兒談著，奧黛麗的注意力轉向了這些友誼帶來的財富，以及她自己的人格資產、物質資源，她感覺到有些東西發生了改變，我也看見了這一點。她理了理頭髮，神態變得昂揚，語氣更有自信了。她向我形容這種感受的轉變，和她必須迎接的挑戰。她的恐懼減少了，儘管仍然有需要，但她已開始感覺自己更獨立、不再那麼楚楚可憐；儘管情況依舊充滿挑戰，她也不再那麼害怕與畏縮了。她還是有一些恐懼，但是站在既有資源與他人的肯定這個穩固的基礎上，她感覺更有自信。

「現在，想像此刻是二十五年後，」我說。

「那我不就七十歲了！」她笑著說。

「想像妳七十歲，想像女兒已經長大成人，也許也經結婚了，妳還有一些孫兒，現在是妳人生中一段最不可思議的美好時光，因爲妳已經與過去、也與自己達成和解，妳可以平靜地回顧過去，把一切看個清楚。妳離婚之後，如何熬過那一段日子？妳爲兩個女兒發現了什麼樣的可能性，創造了什麼樣的機會？妳做了什麼，才得以撐過剛開始的那些年？」

奧黛麗停頓了一會兒才又開始說話，起初有一點猶豫。

「我不再讓恐懼阻礙我，」她說。「我很害怕，可是我還是去做了，我信任我自己。」

「那麼，妳會怎麼跟孫兒說，妳在那段艱困的日子如何處理錢的事？」我問她。「是什麼使妳的生命有了突破，讓妳找到了自己的充裕感？」

她又停頓了一陣子，好像在專心傾聽遠方那位更有智慧、年紀更大的自己從未來向自己報告。接著，這次她用堅定的口氣做出回答。

「我不再等待別人告訴我該怎麼做。我了解到，自己必須去嘗試一些不同的事情，我眞的去做了。我建立起對自己的信念。過去許多年，我把這份信念全投注在男人身上，現在，我只要把四分之一的信念轉向自己，然後它便釋放出其餘四分之三的能量，讓我從事謀生以外的事。我想所有女人都應該看看自己把多少精力投注在感情關係上，然後有意識地取出其中的四分之一放在她們與自己的關係上，如此，她們就能和我一樣走到今天。」

「那麼，妳靠什麼維持家計？那個突破的關鍵是什麼？」

奧黛麗再度停頓，看起來有些抱歉。「我一想到這件事就開始害怕，然後就沒辦法好好地看，」她說。不過她仍讓自己重新聚焦，想像她的未來。

「我建立了兒童服飾事業，它成了我們的經濟來源，讓我們能好好過日子。」她說。

我們談到如何在她的熱情與才能所在的基礎上，維持真正的「生」計，這跟賺夠多錢才能付房租或維持「殺」計不一樣，後者是她前夫家在做的事。就在我們對話的小小空間裡，她已能後退一步，看看自己有多少精力被消耗在對錢的恐懼上，消耗在「無能為自己和孩子創造美好生活」這個未受質疑的假設上。她自己這麼說：如果她把消耗在焦慮、擔憂、恐懼的能量用來關注她的資產，投入她對實現願景的堅持與策略上，現在的她衷心相信，她會成功的。

接下來的幾個月，奧黛麗隨時會向我報告她的進展。有了與日俱增的自信心與親友們的鼓勵，她開始專注在自己所具備可以行銷出去的技藝上，並展開行動，開始學習如何創業。

一天晚上，她前往參加一個關於女性事業的研討會，立刻發現了一個嶄新的世界，裡頭包括各種聯絡單位、小型企業互助團體，還有工作坊等，這些正是她學習如何創業必須探討的議題。不久後，她參加了一個輔導計畫，由社區的成功女企業家和像她一樣的女性學員搭檔，提供教學與建議。她參加許多課程，學習企業的資金流量，學習如何進行有智慧的管理。每當她帶著新製作的兒童服裝樣本給朋友看，總是有某個經過身邊的人想要向她購買。甚至連陌生人都熱心與她分享自己對產品、對她的願景的想法，於是，奧黛麗的熱情逐日增長。

一步一步，奧黛麗爲了她夢想中的公司認眞研究製作與銷售相關的資訊，也對設計做一些改良，並擬定創業計畫。過程中，與她接觸的人無不對她的創意、熱情，以及敏銳的商業頭腦讚不絕口。她在這段時間也穩定做一些兼職工作，讓她得以繼續規畫新事業。隨著她越來越專注於籌備創業事務，她的交友圈與商業接觸對象也跟著擴大，他們都不斷鼓勵她，支持她繼續努力。

隨著時間過去，她與金錢的關係出現了轉變。她過去對錢總是心生畏怯，或不斷害怕錢不夠用，現在已能夠審慎運用既有的一切過生活，並且把注意力用在創造一個賴以生活的事業、從事自己熱愛的工作。她與金錢的關係轉變了。她不再是個蒙前夫施恩的受害者或被動角色，不再對他切斷支援一事感到憤怒或驚懼不已。她逐漸認識了自己的賺錢能力與自己的價值——無論在事業或個人生活上，她都是個兼具創意與生產力的企業家。她在自己的創業計畫裡寫下承諾，要在縫紉工作、製造與銷售產品線各方面，成爲其他女性同胞的資源。

當然，還是有令人沮喪與艱苦的時刻，但是當奧黛麗重新聚焦——即便只有幾分鐘也好——把注意力放在她自身充裕感的最單純面向上，總是當下就能迅速恢復勇氣、再度充電，甚至重獲喜悅。每一次她都能找到勇氣，支持她繼續往前走。她後來一邊笑著說，不是過多的勇氣，而是「足夠」的。更令人訝異的是，她說，每一次她預備好採取計畫裡的下一步行動時，巧的是，她都能找到正好需要的東西——對的聯絡人、對的工作室、對的供應商、對的投資人——而隔年年底，她的公司正式成立，成爲前途看好的明日之星。奧黛麗拾起了破碎生活的碎片，將它們巧手織成了一件傑作。

詹姆斯的故事：遺失、找回，又轉了一圈

人們很容易以爲，這一切關於欣賞與充裕的論調，其實只適用於像奧黛麗或「豪勇七蛟龍」這類的人，因爲他們擁有的太少，非得學著去欣賞僅有的一點點東西不可，否則恐怕會

陷入絕望。其實，這對那些家財萬貫、物資過剩的人而言亦是千眞萬確。他們也可能，也經常會迷失在「過度」的大海裡，被東西、房子、車子等各種東西淹沒，以致喪失了內在生活或任何錢以外的意義。德蕾莎修女曾注意到困擾富人的她所謂的「靈魂的深層貧窮」，她還曾說，美國的靈魂貧窮現象比她在世上任何地方所見過的貧窮更深層。

詹姆斯就是對那個地方、那種精神貧窮再熟悉不過的一個人。他在一個密蘇里的小鎮成長，家族坐擁城裡的第一大企業，姓氏對他形同詛咒——每個認識他的人都知道他很有錢，一輩子不需要工作，然後便自動假設他是個被寵壞的富家公子，對他的態度混雜著欽羨與輕蔑。

詹姆斯是個心胸開闊的人，他想要被當做一個社會上正常的、有貢獻的成員，但是他把自己的名字與財富看成可怕的負擔，阻礙他與周遭的人與世界正常往來。他痛恨，事實上是仇視自己的姓氏，以及這種種的財富包袱，覺得自己若想找到眞正的自我價值感——那個證明自己所不可或缺的東西——非得從這種環境逃跑不可。內在的空虛感在他心裡逐漸扎根，沒用、罪惡，以及羞恥的感受深深折磨著他。

我們是在大學裡認識的，雖然現在回想起來，我可以看見他當時的痛苦，但那時候我卻沒有發現。當時他只是一個普通的同學——上課、考試、喝啤酒，做些大學生會做的事。

後來，我在一個共同的朋友家中又與他聯絡上，他看起來比實際年齡更老一些，但仍維持一貫的優雅與帥氣，就像我當初在學校時記得的模樣。幾天後，他邀我共進午餐，只說是需要一些建議。用餐時，他和我分享了自己的故事：他有酗酒問題，目前是兩個孩子的爹，正在辦理第二次離婚。他擁有的錢足以讓他過一輩子奢侈生活，但他覺得既失落又悲傷，還得擔心別人會發現他的私生活竟如此一塌糊塗。他想要改變，卻又不知該從何做起。

就像他人生中近半數的關係一樣，詹姆斯與金錢的關係，也是一塊充滿了傷害、衝突、不信任、失望，以及缺乏清明洞見的地方。童年即開始困擾他的情緒問題，雖嚴重卻長期被忽略至今，家人隨時提供的現金，也讓他在婚姻、家庭、友誼，以及生命本身出現艱難時刻時，得以從容應付了事。由於自己並沒有做什麼特別有意義或重要的事來賺錢，他最痛苦的祕密就是飽受自我懷疑的折磨。他覺得自己一點價值也沒有，只剩下他最痛恨的錢。他有錢可以做任何事，但是他的生命卻只是一個昂貴且日益複雜的偽裝，粉飾著他的酒癮、失敗的人際關係、膚淺的友誼，以及深深的無用感受。

他是個充滿愛心的人，他想爲世界做一些好事，對生命做些有意義的事。他希望自己可以重新開始，卻又覺得被自己過多的財富與失敗的私人生活牢牢捆綁。

於是我們開始定期談話，詹姆斯也慢慢地認眞修復生活裡的人際關係。剛開始，他把自己的問題歸咎於家族名氣，還有眾人一直期待他發展的財富。從前身為一個憤怒且悶悶不樂的有錢小孩時所製造的各種情緒包袱，他也一併發洩出來，然後抱怨他失敗的婚姻與一些他視為投機客的人。過了一段時間之後，他怪罪與抱怨錢財、抱怨往事的需要似乎逐漸淡去，他開始談起自己渴望成為一個怎樣的人。

如果他能忠於內心深處的願景過生活，生活會有何不同？如果他能以誠正之心對待孩子與前妻，包括離婚的財務協議方面，他們彼此之間的關係會有何不同？除了愛他們、照顧他們的責任之外，還有什麼更高的承諾能打動他的心？他想要為這世界帶來什麼樣的改變？

想像一個能夠愛的世界，開啟了詹姆斯的心扉，讓他迎接新的可能性、體驗到一個新的自己。當我們將注意力放在這個願景上，就好比在一堆黑炭裡對著一小塊餘燼不斷煽風。一些可能性發出了紅色的光芒，更具體的想法也開始清楚浮現了。他覺得自己與有障礙的年輕孩童特別有緣，想要協助他們。於是他前往一所鄰近的學校當義工，而且就在他對患有學習障礙的孩童了解越來越深之際，他發現自己原來在這方面頗有才能。與相關的人共事的機會越多之後，包括學生、老師、經常來教室協助或透過家教方式提供特殊輔導的特殊教育老師等，他就越了解到，孩子的需求十分複雜，要滿足他們的需求必須付出相當的努力。

曾是他一輩子沉重負擔的錢，現在似乎成為一種資源，能用來贊助協助特殊孩童的機構。他走入社區，成爲利益孩童的校園活動與募款活動的倡議者。痛苦的童年經歷成爲他的一項資產，讓他對那些接受協助的小朋友具有更高的敏感度。於是，他那飽受困擾的混亂人生逐漸平靜下來，他甚至開始欣賞、感謝那一段混亂的日子，認爲它是一段過渡期，帶領他從困惑煩惱的人生過渡至一個有目標、有意義，有成就感的人生。

他的孩子也加入了他協助特殊孩童的義工工作，身爲單親爸爸，這份與孩子一起合作的新活動豐富了他們的親子關係，也加深了他們對彼此的欣賞與感謝。詹姆斯與孩子爲學校與孩童的付出與奉獻，不但改變了許多孩童的生活，更改變了他自己的生活。長久以來對他可謂詛咒的金錢，現在轉而成爲一種工具，讓他得以釋放自己，過一個懂得交流與貢獻、嶄新且收穫滿滿的人生。

詩人里爾克(Rainer Maria Rilke)曾寫道（英譯本由羅伯・布萊〔Robert Bly〕翻譯）：

我喜愛自身存在的黑暗時刻我的感官掉落深處的時刻。
如同在舊書信裡，我在當中發現那已經活過的，我的個人生命，如今變得寬闊而強大，
猶如傳奇。
於是我知道：我的內在空間存在著第二個永恆的生命。

詹姆斯擁有第二個永恆生命的時刻，已然來臨。

佛陀的智慧

佛陀告訴追隨者，一個人選擇在生命中賦予關注，賦予愛、欣賞、聆聽以及肯定的事物，便會增長。他把一個人的生命比喻爲花園——一座需要陽光、養分與水才能生長的花園。花園裡埋藏著慈悲、寬恕、愛、承諾、勇氣等各種正面且具啟發性的種子。但就在這同一座花園裡，也同樣埋藏著仇恨的種子、偏見的種子，以及報復、暴力，還有其他種種具殺傷力與破壞性的種子。這些各式各樣的種子全部同時存在同一座花園裡。

但是，會生長、茁壯的種子只有我們賦予關注、加以灌溉的那些。我們的注意力就像水和陽光，我們選擇培育的種子會長滿我們的花園，如果我們選擇把注意力放在匱乏的種子——獲取、累積、貪婪，以及其他種種由這些種子滋生的特質——那麼匱乏就會充斥我們的生命空間和我們的世界。如果我們以注意力灌溉充裕的種子，帶著發自靈魂的目的將金錢視爲水一般來滋養它，便能享受豐收。

豪勇七蛟龍與孟加拉同胞，奧黛麗與詹姆斯，情況雖然彼此迥異，但他們都能運用欣賞的力量，深入體會並拓展眞正的財富與眞正的自己。在充裕的狀態下，他們都在金錢關係或金錢問題裡找到了全新的自由，開闢出一條通往蓬勃富裕的途徑。對每一個人而言亦然，新的可能性就扎根在欣賞的肥沃土壤中，而且會在我們的關注之下無限增長。

ch.7 合作創造繁榮：互惠讓我們彼此欣賞

沒有所謂的「富人」與「窮人」。我們都是富人，只是資產各有不同。透過合作的煉金術，我們成為平等的夥伴，為每個人創造出完整與充裕。

一個星期五晚上，我剛結束開了一整天的會，疲累至極，正從索薩利托開車返回舊金山的家，但是在距離金門大橋幾條街的地方，我的剎車突然失靈了。我立刻將車子駛進最近的加油站。加油站的人沒辦法修理，指示我到街上另一家修車廠去修理。我以龜速爬行的速度，沒有剎車，行駛著這段短短的距離，但來到修車廠門前時，卻發現自己運氣實在太差。當時已七點多，車廠大門關著，裡面的燈也關了，但大門的窗子透出了一道微微的亮光，情急之下，我向內窺探，盼望能發現一個好心的技師在裡面。不過，技師沒看見，倒看見大約有三、四十個人在裡頭開派對！所有的汽車修理設備都被移至一旁，而放在光滑水泥地的正中央、被派對燈光和裝飾品包圍的，是一架光可鑑人的平台鋼琴。此時派對正火熱進行，但鋼琴卻靜悄悄的。我硬著頭皮進入派對，找到了車廠主人，一個名叫瑞克的男人，他手上拿著一杯香檳。我問他是否有人能幫我，並向他解釋了我的情況。「只要能修好剎車讓我回家，隨便你開個價。」我說。

瑞克笑著說：「不可能的，這位女士。我們正在開派對，現在正熱鬧呢！」然後他開玩笑地說：「不過，我們的鋼琴手放我們鴿子，如果妳會彈鋼琴，我就幫妳修車。」大家都笑了出來，但是，我眞的會彈鋼琴啊！於是，我隨即粉墨登場。我在派對裡演奏了將近一小時的鋼琴，被一群有說有笑、勁歌熱舞的人團團圍繞。那位技師高高興興地幫我修好了剎車，工作完成後，他們送我上路，不但拒絕收我錢，還舉杯慶祝我們新建立的友誼。我安全地返家，不再覺得筋疲力盡，反而興高采烈、精神奕奕。我的出現帶給他們正好需要的東西，而他們也提供給我正好需要的東西。我們的邂逅是個令人驚喜的奇妙緣分，爲我帶來了適時互相幫助的滿足感受。

合作與互惠其實十分自然，然而在這世界上，競爭與害怕匱乏卻時常阻礙我們看見這種相處方式。在「你或我」的世界，互惠與合作沒有立足的空間。一個「你和我」的世界，合作者、夥伴、分享與互惠卻稀鬆平常。在那樣的世界，我們的資源非但足夠，更是無窮盡。若能有意識地將合作與互惠的行爲模式帶入日常生活中，必然能發現一種無處不在的煉金術與繁榮富足之道。

由匱乏心態所形成的往來關係——亦即根據「不夠」、「越多越好」、「事情本來就是如此」等信念所做的行動——無論當下看似多麼牢不可破，本質上都是自我設限的。它們的基礎是謊言，而且實際上更暗地裡破壞了我們長久生存與永續的機會。眞正有能力保護、維繫我們的，是從充裕的狀態生起的東西，以及其中我們所看見的分享、多元、互惠、以及夥伴關係。當我們把一己的資源視爲本就該分享的一道流，當我們專注於運用既有的一切做出貢獻、帶來改變，當我們以拓展並深化這種經驗爲前提來與他人合作，必能找到充裕與永續的繁榮。

聚餐時一人帶一道菜分享、共乘、分時使用制(time-share)、百納被製作活動（quilting bee，譯注：親友、鄰居，特別是婦女們聚在一起縫製拼布被子的社交活動，十九世紀中期尤其盛行）等——這些活動所展現的分享與互助模式豐富了我們的生命，它的力量不可思議，或許再多錢也辦不到。合作模式帶領我們抵達充裕之處，穩固地踏在充裕的基礎之上。

你從以下就可看出：以充裕爲基礎的往來關係平等重視所有夥伴的多元性、知識、創造力、經驗與智慧，使我們覺得自己是一個活躍的參與者，參與一個生氣勃勃、創造力豐富的過程。合作創造出循環回路，透過它，人們的能量、注意力和充裕的資源才能順暢流動並持續更新。合作所隱含的意義包括信任，信任說的是：資源是夠的，我們會想出辦法一起有智慧地運用它。

回想自己是否曾有過任何效率絕佳的合作經驗，透過通力合作，大家解決了問題、對自己的感受更好，對合作夥伴也更加欣賞與尊重。想想這過程中你必須展現的寬宏大量，還有所有合作夥伴必須具備的開放態度。想想全體合作結果帶來的滿足感，還有在成就中體驗到的眞正財富。

互惠讓我們欣賞彼此獨一無二的才華、肯定彼此。互惠就像我們吸入的空氣一樣——吸氣、吐氣都是剛剛好的，不多不少。這就是充裕，是恰如其分的，這是對生命有益的。認識、鼓勵，並且發揚生活裡美妙的互惠與互動關係，就形同挖掘出我們慣常視爲理所當然、既有的龐大財富寶庫。互惠帶來了滋養與喜悅：我幫你，你幫我。

身爲一個行動主義者與募款者，從事著奠基於充裕之道的工作，加上私下也努力親身躬行，我幾乎每一天都見證著合作的力量，它在人們的年齡、種族、性別、宗教、民族，以及社經地位的隔閡之間搭起了一座橋樑。在大逆轉的故事如孟加拉的錫爾赫特人、塞內加爾村落的鑿井婦女，或許多將長期困境轉變爲傑出成就的例子上，我們可以輕易看見合作的好處，然而有一些無聲無息有時亦看不見的勝利，卻出現在生命內在風景的轉變，在那些與貧窮搏鬥的人、爲物質財富爭鬥的人身上。在那些地方，合作帶來了自我發現、自我成長，也帶來療癒與過去不曾觸及的充裕體驗，還有錢買不到的幸福快樂。

在金錢關係裡，合作解除了我們一心追逐更多才夠的強迫症，提供一個利用既有一切帶來改變的機會。它把錢放在對的位置，成爲我們的珍貴資源之一。它也讓錢保持流動，因此無論我們生命中的錢像大河或小溪，都能以利益最多人，包括我們自己在內的方式循環不息。

崔西：資源共享，富裕共享

我最要好的朋友之一是一個名叫崔西的女子。她的生活向來充滿挑戰，但卻總是能獲得自己和孩子正好需要的東西。不管在什麼情況下，她都能發現合作這一煉金術裡的財富，我也屢屢被她在生活裡體現的充裕原則所感動。

崔西是兩個孩子的媽，住在北加州一個小社區裡。她和丈夫在一九八〇年代分居，丈夫離開她時，她以爲生活從此完蛋。當時她沒錢、沒老公，只有兩個年幼的孩子加上一顆破碎與絕望的心。

在她內心深處，異國生活向來有極大的吸引力，於是婚姻結束之後，她毅然決定前往一個遙遠的地方，徹底把自己的頭腦和心靈清理一番，同時希望能以更開放的心胸思考自己和孩子的未來。由於她過去曾爲日本的反饑餓計畫工作過一段時間，與當地的一位同事大內博(Hiroshi Ohuchi)成了要好的朋友，大內博是日本人，玉川大學(Tamagawa University)的教授，與美籍妻子珍娜育有三名分別是十二歲、十歲與八歲的子女，而崔西的小女兒賽吉是七歲，兒子薩巴斯欽則是五歲。

崔西寫信給珍娜，告訴她自己因離婚而沮喪不已，期待能轉換環境，好讓她靜下心來，釐清自己的狀況。珍娜立刻邀請她和孩子們到他們家過寒假。大內一家人住在富士山腳下，遠離塵囂，沒有電視，而且孩子在家自學。他們一家人張開雙臂歡迎崔西與兩個孩子，滿心期待迎接他們的到來。很快地，五個小朋友成了好朋友。

在預計停留的這段時間裡，他們彼此的友誼每天都在增長，也能用新的眼光欣賞彼此的才華。崔西爲這個家帶來了很棒的組織能力、新鮮有趣的烹飪風格，以及爲大夥兒安排特殊相聚時段的才華。假期快要結束的時候，原本是崔西和孩子預定返回美國的時刻，一個新的可能性卻適時出現。這一家的故事還未結束……，崔西說：「我都不記得爲什麼要回去了。」珍娜接話說：「沒有人說妳一定要走……我們會很高興看到你們留下來！」從那個喜悅的時刻開始，他們後來稱之爲「一份長達十四個月的禮物」於焉展開，那是互相贈予對方的禮物，由雙方分享責任、友誼，還有一個大家庭。

崔西從前就是個老師，和五個孩子一起在家自學，協助煮飯、準備食材等，貢獻創意十足的點子，讓這三大五小的家庭井然有序、歡樂滿堂。她也一邊從事反饑餓計畫的兼職工作，與大內博一起修習佛法、與珍娜和孩子們一起哼唱民謠，慢慢地，她在大內家這個滋養的環境下逐漸獲得了療癒。

大內一家人提供了崔西及一對子女家庭破碎後所需的溫暖、舒適和喜悅。大內家在同一時間必須處理新生小女兒罹患絕症的處境。崔西與孩子們陪伴他們走過小寶寶的葬禮，這份心痛因有人共同分擔而舒緩了不少。所有的人都過得更好了！所有的人都獲得了恰好需要的東西，透過合作並對彼此敞開胸懷，他們發現了一種豐富的感受、一種足夠的美妙體驗。大內一家非常慶幸能與朋友分享自己的房子和家庭生活，崔西也適時適地找到了讓心靈獲得療癒的機會，同時還與女兒合作撰寫了一本書，還與反饑餓計畫一起進行了許多工作。兩家的五個孩子也得以在一個比從前更豐富的環境裡成長。

雙方家庭在生命中的某個階段提供既有的一切：大內家擁有穩定——穩定的收入與一個平靜寬敞、容納得下所有人的住家；崔西家則提供活力、歡笑與創意，這一切在靈性基礎與原則下結合無間。兩個家庭都遭逢生命中最難熬的情感創痛，卻也都在彼此身上找到了慈悲與力量。

崔西一家後來返回美國，與幾個好友暢談大家庭的樂趣與好處，其中一家人隨即決定帶著兩個孩子與他們一同展開群居生活。他們一起找到了一間房子——一個個別家庭負擔不起的很棒的地方——鄰近有優秀的學校，孩子們也擁有開闊的戶外空間可以活動。由於另一對夫婦都在外工作，崔西便想要一份在家工作的事業，讓四個讀小學的孩子放學後能有人在家。崔西發現自己有採訪與寫作的天分，遂開始從事自由撰稿，爲其他家庭記錄年老長輩的生命故事。這份事業發展得很成功，這兩家至今也一起心滿意足地同住了十一年！崔西現在能做她最喜愛的工作謀生，兩個孩子也有機會享受良好的教育機會、一個美麗而溫馨的生活環境，還有一個豐富精彩的大家庭生活。雖然崔西的收入以美國標準來看屬於中下等級（年收入大約三萬五千美元），但她與孩子們什麼都不缺！

這一段旅程從離婚的沮喪與深怕沒收入養活孩子的恐懼出發，最後卻通往了合作無間、有好友家人一同分享的喜悅生活。她的朋友最後因有機會與崔西一家分享家庭生活而感到非常幸運。

崔西在充裕的狀態下過生活，立足充裕之道賦予她「寬大」的空間與心胸——能貢獻既有的一切，不擔心損失——默默「信任」宇宙將供應一切所需。她告訴我，她遵從德蕾莎修女的指引，「只管做你的工作，就像一切都靠它一般，其餘的完全交給神。」崔西一家在我們文化裡已喪失的「足夠」之道上所下的功夫，能持續鼓舞人心。就是從這樣的源頭開始——擁有足夠、成為足夠——她收成了合作的果實、互惠的煉金術，正值青春期的孩子也因而茁壯成長，能夠發揮天分並致力於運用一己長才做出貢獻。

眞正的「叢林法則」：合作與競爭的平衡

十九世紀的科學與經濟理論學家所描繪的自然世界是殘酷的，食物與各種資源的競爭形成無可避免的決定性力量，以平衡物種的數量與資源，並且選擇性偏好某些物種、不利某些物種。政治經濟學家湯瑪士·馬爾薩斯(Thomas Malthus)將饑荒、疾病、貧窮與戰爭視為神聖，視為大自然為控制人口過多而做出的懲罰。達爾文進而形容「適者生存」是爭奪稀少資源的一場競爭，是物種進化的基礎。這一類的大自然模型強調競爭，這種競爭性不僅激烈，更是出於本質，而且幾乎是唯一目的。最近的科學研究與此相反，它闡明了自然世界裡相互關係、協同作用、共生與合作的重要角色，更正確地描繪出自然的生命圖像。

只要粗略看看世上的食物供應與人口狀況就不難發現：糧食足夠餵飽每一個人。只是由於各種因素，造成有些人糧食供應過剩甚至進食過度，有些人卻營養不良、饑餓、死亡。長期饑餓不是用來限制人口或改善物種的「大自然作風」，事實上，它與大自然較沒關係，反倒與我們所構想的錯誤政府、政治與經濟系統較有關係。

匱乏與競爭純粹是「事情本來就是如此」，這種想法甚至不再是可行的科學。備受尊崇的進化生物學家伊利莎白．薩托利斯(Elisabet Sahtouris)發現，大自然鼓勵合作與互惠。競爭在自然界的確存在，她說，但它是有限制的，真正的終極生存法則是合作。

大自然所呈現的是平衡與目的。大自然在充裕之中欣欣向榮。一頭獅子只會獵食維生所需的食物，不會貪多。一頭健康的獅子不會盲目地胡亂殺戮，牠會因應需要，只取足夠的量。不同物種的植物、動物共同存在，每一份子都貢獻出某項重要的東西讓孕育一切生命的環境保持平衡。薩托利斯等人注意到，一個與競爭主題「適者生存」之意涵相反的更正確描述應該是「協力合作者生存」。以我個人的經驗來看，這個真相在雨林裡特別適用，在雨林裡，每踏出一步你都能體驗到一切生命之間豐富而巧妙的互聯關係。

已故環境科學家唐娜．麥多斯是我的好友，我曾與她在反饑餓計畫共事二十年，她的著作《成長的限制》(The Limits to Growth)一書與其他論述，也使這個較爲開明的自然界觀點更具說服力。她用著作和自己的生活方式展現出一個「足夠」的世界，它雖被大多數人忽略，卻確實存在而且支持著地球的生命。

她將經濟假設與大自然的顯著特性加以比較，然後寫道：經濟法則的假設是我們必須消耗、生產、競爭，並且主導，越來越多、越來越快，以此推動著一個匱乏的狀態，大自然的模式則是競爭加上合作，它存在於共生、創造、生產與消耗這一時間表的脈絡之中，而這份時間表則以出生、成長與死亡之自然生命循環來呈現。她寫道：

經濟學說：競爭。只有讓自己與一個有價值的對手競爭，才能表現出效率。競爭成功的獎賞就是成長。你會一個接一個吃掉對手，而在這過程中，你又會獲得更多資源，供應你再繼續這麼做一陣子。

地球說：競爭，是的，但是讓這競爭有其界限。莫趕盡殺絕，只拿走你需要的東西。在可能的情況下，不要競爭，要合作。為彼此授粉，建造穩固的組織讓較小型的物種也能獲得幫助，獲得提升。散播養分，分享地盤。有一些傑出的成果來自競爭，有些則來自合作。你並非置身戰場，而是置身在一個社群裡。

大自然也教給我們許多其他功課，如果我們能更開放地接受這些洞見、重新思考舊有的假設，它也能爲成爲理財行爲的指引。例如，「戰或逃」(fight or flight) 一向被視爲人類遇到威脅或恐懼時的正常反應，但最近的研究卻指出，此特徵其實主要指的是男性，女性對威脅的主要反應是與他人聯繫或合作。從許多較爲開明的科學研究發現裡，我們開始窺見更多自然界的眞相。競爭與衝突雖構成了大自然不可否認的一部分，卻非占優勢的支配角色，像那些爲人類的貪婪與暴力找藉口，以自然現象做爲托詞的人所說的那樣。那是個錯誤，或說是種操弄，以大自然做爲人類行爲的隱喻或模型，卻只著重在其中一個單一面向——競爭、侵略性與暴力——以此定義一個非輸卽贏的必然世界，然後再說：「事情本來就是如此。」

當然，大自然也包括了衝突的部分——有些動物爲了取得領導地位、爭取交配對象，或爲了食物、地盤等會拚命到死。然而卽使是動物社群，那也只是各式各樣複雜行爲裡的其中一種行爲罷了，還有許多行爲是爲了哺育、探索，或爲了食物地點、水或掠食者訊息等進行重要溝通而做的。

大自然並非一個有別於我們的模型。我們就是自然界的一部分，完整地包涵了它的一切複雜性。身爲自然界的一部分，我們可以接受恐懼與侵略性是自然行爲，但只能視之爲更大脈絡下的極端行爲，這個更大的脈絡是一份通力合作、共棲共生的關係，那是能夠生生不息、扶持生命的。我們可以依此類推，從這些利益生命的自然界行爲獲得靈感——事實上，正是這種類型的關係與行爲特質，爲我們的金錢關係、爲人類生存與地球的永續未來，提供了一個最佳模式與實踐方式，讓它們得以生生不息。

慈善行爲與「援手」的困境

「如果你是來幫我的，那麼你是浪費時間，」一則原住民諺語這麼說，「但如果你來是因爲你的自由與我息息相關，那麼讓我們一起努力吧。」

身爲募款者，我致力於促成合作並深深涉入「施與受」的世界。這聽起來雖然很美妙，但我也見過一開始顯然是誠心誠意的好事，其實也有黑暗和不誠實的一面。很難想像慈善行爲也會有黑暗或不誠實的一面，但這卻是眞的。

多年前，我在芝加哥接受食品公司CEO給我的那張五萬美元支票時，便是與這黑暗的一面相遇，後來我才了解到，它相當於一筆遮羞費，是打算用來彌補公關疏失的償還金。我也在孟買見過這黑暗面，事實擺在眼前，乞丐重殘子女四肢，目的是震撼觀光客，讓他們因內疚而掏出錢來。以這種方式得到的錢，徒然助長了這種操弄行爲，更助長了整個乞討行業的循環。我也見過一些富有的捐贈者把捐贈當成改善公衆形象的工具，或用這筆錢許下一些承諾，讓那些急需金援的族群對他特別注意，或給予他某些特權。這麼一來，一些組織、計畫或個人爲了爭取支持與大筆贊助金，有時便會迎合富人而做出妥協。

這黑暗面也出現在貧困國家，因爲來自救援國家的龐大救濟品湧入當地——錢、糧食或各種用品等——而這些東西最後可能落入腐敗官員手裡，讓他們用來強化對窘迫人民的控制，接受救濟者也因此變得更加依賴。卽使是在最平常的慈善施受行爲、施受雙方皆不受彼此控制的狀況下，出於罪惡感的贈與、「富人」卸下給「窮人」的錢，也只是平白讓世上有所謂貧富之分的謊言更加牢不可破，無法讓人們看見眞相是擁有不同資源的夥伴聚在一起，做出雙方皆受惠的行動。

我於一九九〇年前往衣索比亞時，就見證了這種令人痛心的過剩現象與起了誤導作用的慈善文化。就在那六年前，舉辦了當時史上最大型電視募款活動 Live Aid（譯注：Live Aid 是一九八五年結合英、美兩地許多大牌歌手同時進行的、超過十二小時的馬拉松式演唱會，收入所得全部用於援助非洲），活動成功吸引了世人的目光，人們紛紛開始關注一九八四年在衣索比亞裂谷區(Rift Valley)發生的大饑荒，數百萬美元的金援與糧食瞬間湧入，衣索比亞持續好幾個星期成了世界舞台的矚目焦點。電視上頻頻播放他們憔悴的臉孔、骨瘦如柴的身軀，這些怵目驚心的畫面深深打動了富裕世界人民的心弦，慈善捐款頓時大量湧入協助紓解饑荒問題的機構。

雖然那筆錢著實被用來做了不少好事、拯救了許多人命，但是當我在活動的六年後造訪該地時，卻仍見到掙扎於垂死邊緣的人民，他們喪失了自力更生的能力，仍在癡癡等待世界再度伸出援手。如今，沒有了頭條新聞的報導與電視上頻頻出現的畫面，乾旱與無助將他們逼向絕境，但是世界大家庭早就把目光轉移到下一個世界危機了，現在，人們談論的是「捐助疲乏之症」，援助更慢慢減少至幾乎等於零。

對富裕世界而言，那幾個星期的慈善行爲，緩和心中對慘況的不舒服感受之意義遠大於眞正試圖處理衣索比亞的災難吧，一旦這個危機退了流行，注意力與金援又流向別處了。相反地，衣索比亞人卻學到，自己必須繼續抱著一個快餓死的嬰孩，才能持續獲得迫切需要的援助。一如孟買那群有組織的乞丐，他們也學會了讓自己看起來更有「優勢」、更有助於獲得施捨。這種以救濟貧苦人的憐憫與同情做爲基礎的慈善關係，在我眼裡開始成爲各方配合演出的貧窮色情行業。

在開發中國家工作期間，我一次又一次見到它所造成的代價有多大。我看見人們產生「依賴宿醉」。我看見世上超越貧富的救濟眞相，在機構、家庭或國與國之間的關係中，人們若以「父權」的方式，亦卽以上對下的方式「幫助」他人，就會創造出依賴者與依賴性，這非但無法促進獨立自足與健康的相互依賴關係，反而貶低了每一個人。

無論是國家之間，或在我們自己的社區、家庭等較小單位，人們捐錢時若把自己當做行善的救星，那些被視爲「領受者」的人便無法建立一己的價値感或獨立自足的能力。行善的救星將錯失掉一個寶貴的體驗，那就是人與人之間健康的相互依賴關係，接受贈予者也經常會因此認爲自己是個沒價値的人，而非原本有機會體驗的有價値的珍貴夥伴。有錢人不可能眞的用錢改變任何事，除非他們獲得有熱情且願意承諾的合作夥伴，明確知道該怎麼做、眞正的需要又是什麼。唯有當「現場實地」(on-site)的智慧在夥伴關係中獲得重視並且被眞心接受，彼此長期下來才能有所斬獲。如果不能以人類社群的身份共同承諾面對挑戰，慈善行爲並無法解決問題，只能暫時讓我們離開問題、脫離窘境。社會訓練我們要給予並接受幫助，但其實，我們眞正需要的是全心投入、協力合作，以及一份夥伴關係。

我們會在合作中體驗到慈善與團結之間的區別。年輕的行動主義者與「環境淸醒青年團」（You th for Environmental Sanity，簡稱ＹＥＳ）推動者泰德．哈格雷夫（Tad Hargrave），曾貼切地說：

> 慈善唯有建立在團結的基礎上才算完整……慈善可能幫助了在體制裡受到試煉的人，團結卻可讓體制本身接受試煉。它不只給予資源，也積極改變那個以犧牲他人的不公平手段將資源放在某些人身上的體制。團結會說：「我不願意接受來自不公正體制的不公平利益。」……團結是因為明白我們全都是彼此互相聯繫而生起的，因此，「我們」對立於「他們」這樣的選擇是錯的。

眞心承諾的慈善事業：金錢與靈魂行動一致

如果我的募款生涯有一件意想不到的事在等著我，那肯定是這一件事——世上最偉大、最啟發人心的一些慈善家，其實並沒有很多錢。有些的確很有錢，而且有很多很多錢，但是美國及全世界的慈善事業裡，由辛勤工作的薪水階級、我們每天看到的平凡老百姓所付出的部分，並不亞於富豪名流。根據《美國募捐年度慈善報告》（Giving USA Annual Report on

Philanthropy）的統計，在二〇〇〇年共計有兩千億美元的捐款投入非營利單位，在這兩千億之中，只有區區百分之五來自大企業、百分之七來自基金會，而有高達百分之八十八的捐款都來自個人。因此，大部分的捐款與慷慨行爲是來自個人，而這百分之八十八捐款的捐贈者當中，又有百分之七十五的人年收入不到十五萬美元。

在普遍貧窮的國家，人們慷慨的程度更是令人訝異。以非洲爲例，住在鄉間村落的人，就和世上大部分的國家一樣，若要成就一件大事，就必須依賴社群間的互助與慷慨大度。比方說，如果有一個非洲或墨西哥鄉村的孩子有機會上大學，通常全村的人會一起湊足一筆錢來成就這一件事。或者，如果有機會送某人去美國或歐洲參加會議，他們也會集中資源成就這件事。我就記得有一位青少年男孩，被他的三百名奈及利亞鄉親送來德國參加反饑餓計畫的會議，他在大會裡對我們朗讀這三百位鄉親的姓名。

我所說的這些人，不是我們會喚做有錢人的人，不過他們會存一些私房錢，有機會便拿出來贊助同社群或大家庭裡的人。在宗教或靈修社群，也經常會用這種私下的聯合募捐來表達愛或支持之意，這些小額捐款積沙成塔。

一想到慈善事業，我們經常會覺得這個詞是有錢人的專利，但我也將這些慷慨、分享、善意的行爲視爲慈善事業，而且我們都有能力隨時參與。

另一個錯誤的印象是擁有資源的人給予那些沒有資源的人，然而那鮮少能成功。眞正能成功的是每一個人都貢獻出一己資產或資源，合力讓願景成眞。有些資源是財務上的，有些是「汗水資產」，有些則是對人人夢寐以求的理想擁有高度的奉獻精神與熱情。無論能貢獻什麼，每個人的參與都是一項平等的資產。若能拋棄對錢過分重視而導致它比任何事都重要的心態，我們看見的將會是人人都擁有，也都能夠給予他們的資產，人人有志一同，合力實現願景。那才是眞正健康的關係。如此一來，金錢的意義便不會超出它所應得的程度，它只應是參與的其中一種方式，只應是有些人擁有並且分享的東西。

有一次，我爲了反饑餓計畫造訪衣索比亞，和幾位女子一起前往一個名叫拉利貝拉(Lalibela)的鄉村社區，我們受邀與一小群年紀稍長的婦女見面，討論她們正在構思的一項計畫。這裡是環境非常嚴苛的窮鄉僻壤，多數人會視爲不毛之地，無法發展任何事業。大多數人會稱這些婦女爲老人，而且會稱她們爲窮人，但我們一共十六個人圍成一圈坐在堅硬的地面上，其實只是十六個預備好腦力激盪，合力成就某一件事的女子。我們當中有些人來自富裕國度美國，也將回到那裡；有些人在這裡出生，也會在這貧瘠而崎嶇的地區生活，直到走完這一生。

這些衣索比亞婦女年紀比我們大很許多，大約六七十歲，有一些是寡婦，謀生能力不是極低就是根本沒有。這些婦女有一個夢想，就是建造一座茶屋，一座簡單的茶屋，設置在許多農民帶著貨物前往拉利貝拉市場的行經路線上。茶屋能嘉惠疲憊的農民或同路線上的其他旅人，還能讓這些婦女賺錢養活自己。她們雖想工作，身體卻太虛弱無法耕作，也無法走到市場，必須想出一個能讓自己待在同一個地點的好辦法。

她們的茶屋構想十分簡單，也已經開始用該地區掉落的樹枝或已枯死的樹幹建造這座只有一個房間的圓形建築。她們有能力用當地現成的材料把茶屋蓋起來，缺的是茶杯、茶壺和托盤，有了這些東西才能讓這個地方成爲一座眞正的茶屋，而不僅僅是休息站。因此，和我同行的女子們開始安排購買這些用具，捐獻給這項計畫。我們還設立了一個小型基金，定期提供給住得最接近城市的一名年輕女子購買補給品，她是社區發展工作人員，十分高興能代爲購買物品，讓茶屋的庫存保持充裕。她爲這計畫提供了年輕的體力，我們提供的則是財務贊助，這是我們渴望做的，我們渴望與這些婦女成爲茶屋計畫的合作夥伴。這是個完美的合作案，我記得自己當時心想，我們這些女子就像是付出自己的那小塊，拼湊成一幅大畫作，以成就一件非凡的大事。那眞是個美妙而喜悅的經驗啊！我們不是給那些「貧窮的老婦人」錢，而是協力合作，爲她們與所有行經這條路前往市場的旅人而服務，當然，還有爲我們想要帶來改變的渴望而奉獻。

在充裕的狀態下，慈善事業與服務成爲人們相互關聯的表達。眞心承諾的慈善事業讓人們不僅是透過一筆錢，更透過意圖的能量投資自己的財富。這等於爲我們每個人「投資」了一個新的未來——無論他們做的是改善當地學校設備還是廢除核武，還是爲印尼女性爭取權利。將金錢之流引導至自己的最高承諾，他們便是以靈魂來投資這筆錢，深深接受並且表達充裕之道。我稱之爲「眞正的」投資，它不會創造出「接受者」。它爲人類大家庭提供一個大好機會，讓我們彼此成爲夥伴，善用生命既有的一切資源。在這種情況下，財務投資者體驗到自己擁有的已然足夠，他們有才能、有渴望，也有分享的能力。

他們與在第一線工作的人合作，那些人或者是在建置新學校、或投入在雨林保育的現場工作，或是在印尼村落拓展當地的識字率、耕作及教育的技能。這些合作關係是平等的夥伴關係，每個夥伴成員擁有共同目標，每個人所分享的財富，也就是讓自己產生充裕、足夠與富裕感受的東西。

人類的雙手必須張開來接受，但也必須用來給予和接觸。人類的心也必須敞開來接受，但也必須用來給予並接觸另一顆心。這樣的敞開與互惠方式，敞開的手與心之意象，不僅幫助我們和他人產生聯繫，也讓我們和一己的滿足感與充裕感產生聯繫。

費茲・史壯：以彼此的聯繫建立家族情誼

費茲・史壯(Faith Strong)在六十多歲時決定把自己繼承的家族遺產轉而用來從事慈善事業，讓這筆錢從利己的用途，轉而審慎投資在促進健康與社會平等的全球性夥伴關係中，特別是改善男性主導文化中的弱勢婦女處境。她把錢捐贈至反饑餓計畫並親身參與工作之後，越來越熱衷於和這些婦女合作，讓她們更有能力創造一個獨立自足的社群。有一次，她前往塞內加爾與西非夥伴見面，就在村落舉行的儀式和慶典上，她與八位塞內加爾婦女發展出深刻的手足情誼與夥伴關係，她們的願望是成立一個服務鄰近五個村落女性的微型貸款計畫。

這些婦女個別爲這份夥伴關係貢獻出不同的資源：有一位是天生領袖，另一位擅長會計與製作統計表，另一位擅長溝通與行銷——無論她在做什麼，人們總是想跟進。有一位擅長在沙漠環境妥善儲藏糧食，另一位則對飼養家禽類很在行，費茲自己則擅長提供財務資源。因此，包括費茲在內的這九個女人，合力描繪出一個專爲這五座村莊的婦女提供微型貸款的共同願景。這個計畫可以幫助她們建立糧食儲藏或飼養家禽的事業來養家活口，改善家人或族人的生活狀況。

一如我們的茶屋投資計畫，費茲提供她擁有的資源，她們也提供她們的，大家通力合作，致力於實現這共同的願景。每一個人都因此而更有力量，沒有人是「接受者」。每一位婦女的天分都受到重視。這就是金錢在「轉型慈善事業」(transformed philanthropy)裡該扮演的角色。

慈善事業不是一項專利，不是那些因擁有比別人多而感到必須出手闊綽、或感到內疚、不好意思的有錢人才能做的事，也不是專給那些企圖透過犧牲與慈善來證明自己正當的人所做的事。我們世界進化的程度比那還要高，現在，我們有機會讓過去人們所熟悉的傳統慈善事業退役，以創造夥伴關係取而代之。在這種關係裡，眾人團結一致，結合知識技能、汗水資產與現金資源等，群策群力實現共同的願景。這樣的夥伴關係已經以許多組織形式出現，例如反饑餓計畫、和平部隊(Peace Corps)、拯救孩童(Save the Children)、家庭計畫(Planned Parenthood)、仁人家園(Habitat for Humanity)、催化效應：南北夥伴關係(Katalysis: North-South Partnership)、葛拉敏鄉村銀行(Grameen Bank)、巴查馬馬聯盟等等，在世界各地的社區所推動的計畫與工程。來自四面八方的人集思廣益、整合資源，合力創造出解決方案。這就是新型的慈善事業：捐獻與服務合作無間。當你置身那樣的空間、那樣的地方，問題自然消融，並且處處都有奇蹟出現。

孟加拉：金錢、靈魂，復原中的國家

「豪勇七蛟龍」的故事道出了夥伴關係的力量有多麼大，只是一個組織提供了願景與領導的工作坊及相關訓練，便讓當地社區領袖或行動主義者重新拾起一己的力量。簡而言之，這些持續進行的工作坊讓人們產生向心力，共同展望一個獨立、自足的孟加拉，一個能爲全球大家庭做出貢獻的國家——一個不需要救濟物品的國家；一個人民有機會貢獻自己的才華、勇氣、技能、精力的國家；一群勤勉又有創意的人民；一群擁有屬於自己的文學與藝術的人民；一個在聯合國裡能驕傲地以平等的一員坐在會議桌前的國家。

孟加拉的情況在過去二十年來已獲得重大改善，現在，他們熱情地展望未來，已懂得如何善加運用內在資源，也懂得透過其他國際組織持續獲得各種資源、建立夥伴關係。

在這一段相對短暫的時間裡，發生了許多改變。今天，女性平均生育三至四個孩子，不再像過去那樣生育八至十個。平均收入成長一倍。當地的非政府機構與獨立的經濟發展行動計畫，其中包括了許多全球最有效率的草根運動，對減輕貧窮與饑餓問題產生莫大的幫助。

今天，該國的日常對話包括了詩文——那是一個詩人產量甚豐的國家，詩作一向是讓國家引以爲傲的項目。在餐館和市集，詩文朗讀經常成爲群衆聚集的中心，孟加拉詩集現在更逐漸在世界各國以不同語言出版。孟加拉的紡織品與時尚產業也已逐漸推廣至全球。孟加拉的轉變持續在進行，前方雖有巨大的挑戰等著它，但已有長足的進步。許多人發現，自己其實有能力自足，開始把自己當做夥伴關係裡的同儕，而不是等待救援的貧民。他們視自己爲一己發展的主人，與帶來各種資源的平等夥伴協力合作，發揮有效的力量。他們已做出了一個有意識的抉擇，不再只會一心爭取獲得更多救援，而是懂得把自己的精力轉向肯定一己的能力，利用既有的一切成就更多事。他們在國際夥伴的廣泛合作之間負起責任，並承擔起領導者的角色。

一九九一年，我前往孟加拉參加一個會議，會議中總理所說的一席話，無論是街頭百姓或高官政要，都能獲得重要啟發。他當時驕傲地談論著他的人民：「我們有的不是一億兩千萬張嗷嗷待哺的嘴，而是兩億四千萬隻準備好開始工作的手。我們有的是兩億四千萬隻準備好用嶄新眼光看世界的眼睛。我們有的是兩億四千萬隻準備好傾聽彼此聲音的耳朵。」

我們看見自己國家的美好，他說：「我們是詩人、我們是紡織工、我們是音樂家、我們是知識份子，而且，我們還有能力處理災難，以及一再侵襲的水患。我們是世上最有創意、韌性最強的民族之一。我們不要慈善救濟，我們要的是夥伴關係。」

透過成千上萬種組織性夥伴關係，以及千百萬種個人的夥伴與合作關係，孟加拉展現出它的力量與幸福安康，同時不斷增進這兩者，逐漸在世界舞台上成爲平等且做出貢獻的一員。

鷹與鷲的預言

與阿楚瓦原住民合作時，他們曾說過，我們雙方的結盟應驗了久遠以前一個關於合作求生存的原住民預言，稱爲「鷹與鷲的預言」。數千年以來，南美洲的薩滿巫師與耆老就曾說過，在第五帕查庫提（Pachakuti，一個帕查庫提爲五百年的循環）開始之際——也就是我們生活的時代——長期分離的「鷹族」與「鷲族」將會重新聚首。

這個預言故事說，一開始，所有地球上的人類本爲一體，但是很久以前他們一分爲二，各自朝不同的方向發展。鷹族人非常科學化、智識化。鷲族人則融入自然與直覺的領域。

故事繼續說，在地球歷史上，當前的結合，鷹族人——屬於智性與頭腦的人，在美學與認知技巧上皆高度發展的人民——將會在科學知識、科技、科技工具、高端藝術表現，以及建築工程的能力累積上臻至巔峰。鷹族人甚至會發明擴展心智的工具與科技，他們也會製造在力量與幅度上皆屬不可思議的科技奇蹟。鷹族人所創造的衆多成就與科技，爲鷹族領袖們帶來了龐大的物質財富。與此同時，他們的心靈卻處於致命的貧窮狀態，面臨生死存亡的險境。

同一個世代，鷲族人——屬於心、靈與感官，與大自然擁有深刻關係的子民——則在直覺技巧上呈現高度發展。在許多方面如深奧的古老智慧、對自然世界與地球大循環的了解與態度、與偉大心靈和動植物的關係，以及遊走於眾多心靈層面的能力等，他們（原住民族）皆臻至力量強大的巔峰。同時，他們也渴望獲得幫助自己在物質世界獲得成功的知識，他們在這方面一向十分貧乏，以致當他們在鷹族的物質世界與鷹族人互動時總是處於下風，這讓他們處於生死存亡的險境。

顯然，我們的西方文化代表的是鷹族人，而世上的原住民族正是鷲族人。

預言說，地球歷史上的這個時代，鷹族與鷲族將會重聚。他們會記起彼此曾是同一族，然後重新結合，記起他們共同的根源，分享彼此的知識與智慧，進而拯救彼此。鷹與鷲將會在同一片天空下一同翱翔，世界也會在一度瀕臨滅絕的情況下再度趨向平衡。如果沒有這樣的合作，無論是鷹族或鷲族都無法存活，透過這兩個族群的結合，一個新的合體意識將會誕生，它尊重鷹族人在智識上的成就，也尊重鷲族人所擁有的深刻心靈智慧。肩並肩——也唯有如此——他們克服了危機，創造出一個利益所有人的永續未來。

在我們與阿楚瓦人的合作過程中，我淸楚看見合作成爲效果顯著的煉金術。我丈夫比爾，因爲吸收整合了這些原住民夥伴身上至爲重要的特質，如整體觀、互惠與心的智慧等，而在現代社會展現出更加明確、深刻，而且豐富的經商智慧。而當我吸收他們認識與了解大自然的古老方式，讓它深入我的內心與靈魂時，我也看見自己變得更有力量了。我們見證了他們在保持並增強直覺力的同時也成爲世界舞台的一員，對當前局勢更加淸楚而有見識，培養出有利自己在新世界獲得成功的重要技能與特質。

雙方結盟與日俱增、漸行漸深的豐富與精彩，加上我經年累月與饑貧一族和富裕一族共事的經驗都再再告訴我，合作及其伴隨的特質——互惠、夥伴關係、團結、聯盟等——皆是從充裕這一眞相流瀉而出。就在此時、此地，足夠了。我們就是彼此，我們的資源處處皆是。

這一則古老預言爲當代生活指出了永恆的智慧，卽便我們生活在一個「鷹族」國家，科學、科技與物質產品已成爲主導元素，依然能深深受用。鷹與鷲的故事是一則爲我們這個時代而說的寓言故事，它提醒我們，合作是人類生命至爲重要的一部分，它是充裕之道，也是爲所有人創造繁榮與永續未來的關鍵。

第四部

改變夢想

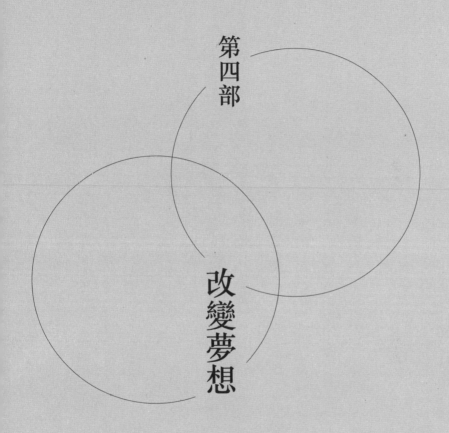

ch.8

改變夢想：創造世界前，先創造夢想

因我們曾如此夢想，它便是如此。我深信我們所思考、感覺的每一件事，只不過是看法罷了：我們的生活——個人和全體——皆由此看法塑造而成。如果我們想要改變，就必須改變我們的看法。當我們把能量轉向一個不同的夢想，世界就轉變了。要創造一個新世界，就必須先創造一個新的夢想。

——約翰·柏金斯（John Perkins）

《世界一如你的夢想》（The World Is As You Dream It）

自一九九五年起，比爾和我便投入與厄瓜多阿楚瓦族人合作的工作，那是一個保存完好、欣欣向榮、健健康康、充滿驚人智慧的古老原住民文化，我們從未夢想過能與他們成爲合作夥伴——事實上，是某一個夢想和某一位朋友讓我們彼此相遇的。

一九九四年，我和約翰．柏金斯一同旅行至瓜地馬拉，約翰是位作家與環保行動主義者，也是我的朋友，已和南美的薩滿巫師合作三十多年之久。約翰帶領我們來到厄瓜多時，是我們初次前往亞馬遜雨林造訪，然後約翰向我們介紹一些隨後將與我們合力創辦「巴查馬聯盟」的關鍵人物——或者該更正確地說，是阿楚瓦人首先透過他們的向外接觸而「發現了我們」。

與約翰同赴瓜地馬拉已是將近十年前的事了。他和我帶領一群捐款人與行動主義者一起前往會見托托尼卡潘(Totonicapán)山地區的馬雅原住民族。旅行期間，我們其中一小群人有機會與當地一位德高望重的薩滿巫師一同參加一場夢與心象(visions)的儀式。這個特別行程是個千載難逢的機會，由於一些歷史因素，原住民酋長對我們這樣的白人一向保持警戒，而且薩滿巫師通常不會見我們。約翰憑著三十多年來和他們建立的信任與友誼，才成功安排了這次與薩滿的聚會。

那一天晚上，我們前往薩滿巫師爲典禮準備的場地。他先歡迎我們，然後邀請我們圍成一個圓圈，進入一趟特別的旅程，在這趟內在旅程中，我們將置身薩滿巫師所創造的深度催眠狀態與夢境空間。在原始文化裡，夢境一向是一種強大的溝通媒介，人們會討論自己的夢，然後汲取其中的含義，在做重要決定之前也會諮詢他們的夢，並將夢境視爲傳達欲望與意圖，以及讓別人知道自己的方法。

那是我的薩滿儀式初體驗，我讓自己被引入夢境狀態，而有了一次非比尋常的體驗。在夢境裡，我變成一隻大鳥，在一片廣袤的綠色森林上空飛翔。我朝下一看，看見幻影似的臉孔從森林朝著改變夢想我漂浮上來。那些臉孔上畫著一些幾何圖形，頭上戴著紅黃相間的羽毛皇冠。它們朝我飄來，然後又飄回森林裡，似乎一邊還說著我聽不懂的奇怪語言。夢境非常逼眞、鮮明，既震撼又美麗。然後，我聽見一陣響亮的鼓聲，隨卽醒了過來。

薩滿巫師敲著鼓，把每個人從內在空間裡喚醒，接著他邀請我們分享夢境裡的所見所聞。我們一個個輪流描述著，有些人做了夢，有些人則否。做夢的人通常夢見自己是某種動物，例如狼或蝴蝶。有些人只是睡著了，有些人出現非常鮮明的心象，有些人則只有模糊的畫面。我的畫面非常清楚，於是說出來與大夥兒分享。薩滿巫師與約翰都說，這些心象，特別是我的，可能是一種溝通，但是他們並未揣測其來源。儀式結束後，我返回自己的住處，只當它是一次充滿異國情調的深刻經驗，不認爲它代表了什麼特殊意義。

結束這趟旅行後，我回到了美國家中，繼續忙著反饑餓計畫的工作，但是夢境裡的心象又再度出現，而且是一而再、再而三地出現，有時在睡夢中，有時在我清醒的時候。從瓜地馬拉返家的兩個星期後，我前往西非的迦納參加董事會議，心象又再次出現，回家後仍持續出現，已經到了打擾生活的地步。這些心象雖然美麗，卻賴著不走。

我與約翰談到這件事，他又再度跟我說，在薩滿儀式與夢境文化裡，這些心象十分有意義。根據我對臉部圖案與傳統羽毛冠的描述，他認出這些可能是厄瓜多亞馬遜雨林的舒瓦人(Shuar)與阿楚瓦人的圖案標誌和羽毛冠。他與舒瓦人一同工作好幾年了，對他們相當熟悉，但阿楚瓦人是幾乎不與外界接觸的一個孤立部落，不過他最近得知，他們正計畫開始與外界接觸。他又和我分享自己在亞馬遜雨林深處與阿楚瓦戰士的精彩對話，那後來成爲邀請，或說是「召喚」現代世界前來接觸他們的開端。

正如鷹與鷲的預言所說，阿楚瓦人在自己預言式的夢境裡看到，接觸現代世界已是無可避免了。無論他們想或不想，這件事都會在二〇〇〇年左右發生，而且來勢洶洶、險惡重重。他們從預言夢境中得知這件事，遂決定由自己發動這件令他們最害怕的事——也就是與現代世界接觸。然而，他們希望按照自己的意思，從可以信任的人開始。他們想要開始學習關於現代世界的種種，將來不友善的接觸來臨時才能有所準備。爲此，他們開始與一位自己信任的厄瓜多人丹尼爾合作，在他們的領土內建立一座住宿之處，讓現代世界的人——鷹族人——能夠前來與他們——鷲族人——和他們的原始雨林展開互動。

也就這樣，也是約翰多年好友與夥伴的丹尼爾，延攬約翰共同參與，然後約翰又再延攬我，促成了這次阿楚瓦領袖與我們這邊的世界會面一事。當時我的反饑餓行動計畫工作非常繁重，必須時常往返非洲的撒哈拉沙漠南部地區、印度和孟加拉之間，也必須和亞洲、澳洲、歐洲，以及美國各地的同事和義工們進行募款、一同合作，根本沒有時間或任何空檔去考慮拉丁美洲與南美洲這地區所面臨的問題。我從未去過南美洲，而且雖然知道雨林遭到破壞也知道全球雨林有多脆弱，但我很高興有其他人正在努力改善這些問題。我實在忙不過來。

然而，當這個邀請，或該說是「召喚」，從亞馬遜深處一個遙遠的原住民族傳來時，我卻無法拒絕。於是，約翰和我組織了一個十二人小組，從現代世界前去與阿楚瓦領袖會面。這個小組的成員都十分優秀而且人品高尚——他們不只心胸開闊，各自都在某個專門領域擁有全球性的影響力，也深知雨林對永續生活的重要性。這些人虛懷若谷，能用開放的態度面對原住民的智慧、尊重薩滿之道與阿楚瓦族人的生活方式。

我們由約翰和丹尼爾帶領進入厄瓜多，從首都基多(Quito)出發，途經「火山峽谷」至安地斯山脈的東邊，再穿越比斯塔薩河谷(Pistaza River Canyon)，來到廣大的亞馬遜盆地入口，盆地向東延伸，覆蓋整個大陸。我們搭乘一架小軍機至雨林裡的一片泥土著陸帶之後，繼續往叢林更深處前進，最後再由一架更小的飛機將我們載至阿楚瓦領土的一片泥土跑道上，這裡應該是距離文明世界最遙遠的地方了吧！

我們在阿楚瓦人的領土上與阿楚瓦族領袖碰面，而這一場相遇，將讓我的生命從此改觀。就在這片豐饒之地，盈滿著絕世之美與生命氣息的雨林深處，住著一群人，他們頭戴紅黃相間的羽毛頭冠，恰似我在夢境中所見。雖然他們看起來如同來自另一個世紀的人，但他們的生活與作風相當複雜而精妙，發展程度之高足可媲美現代人當中的佼佼者。

他們請求我們的合作與支持，協助他們開始了解現代世界的一切，將來心象中的威脅來臨時才能有充分的準備，才有能力應付。他們希望我們協助組織並強化其管理制度，也請求我們協助在雨林邊界一個稱爲普佑(Puyo)的小鎮設立一間辦公室，那也是其他亞馬遜原住民族設立總部以利和外在世界進行互動的地點。我們欣然同意與他們成爲合作夥伴，共同籌辦這件事。在這份剛萌芽的關係裡，比爾和我負責招募其他參與者，募齊足夠的款項，支援未來兩年在普佑設立並經營辦公室的經費。在接下來的七年裡，這份關係幾乎占滿了我們的生活。當時終結世界饑餓的工作應接不暇，我更將它視爲餘生的志業，這件事雖然介入並打擾了我原有的計畫，卻很值得重視。它不是我計畫的一部分，但絕對是我命運的一部分。

當時，比爾也忙於他的事業，但是他和我一樣，對這個生命中的意外打擾震撼不已，最後終究俯首稱臣，了解到這是他命運的一部分。這一次的雨林邂逅就是「巴查馬馬聯盟」的開端。「巴查馬馬」(Pachamama)在安地斯山脈所使用的語系「蓋丘亞」(Quichua)裡是「大地母親」或「宇宙母親」的意思，亞馬遜地區許多不同族群對這個字都有同樣的共識。這個計畫現在擴大至包括圍繞在阿楚瓦領土邊緣周遭的其他許多原住民部落，同時也成了我們倆的生活重心。

阿楚瓦是個古老的夢文化。夢，是他們看待世界、獲得智慧與資訊的重要指標，因此他們對待夢境的態度十分嚴肅，認爲那是自身存在的一個重要部分。我則從來不會特別注意自己的夢，也不太記得做了什麼夢，但是在這次的特殊經驗裡，那第一個生動鮮明的夢境竟擁有如此驚人的力量，隨著一次次的事件逐漸鋪展開來，我已很清楚，那是我一個重要的生命過程，我非得重視它不可。

我們容許這奇特的夢文化滲透至我們的存在，創造融合了意識與夥伴關係，而這全從亞馬遜的這一小塊地方開始。身爲夥伴，我們要尋找的是能讓我們度過難關並維持永續生活的突破性做法。我們夢想的未來正逐步浮現而成爲眞實，其中所有的原始生態系統都受到完好的保護，這些森林的自然管理人原住民族的才智與願景，亦受到應有的重視。如今，我們與這些原住民族和其他組織一同以夥伴關係展開了許多計畫，試圖將威脅蛻變爲機會，讓原住民的古老智慧與清晰願景，幫我們所有人看見邁向世界永續的新道路。

我們的文化並沒有教我們特別尊重夢，然而馬丁．路德．金恩博士的演講「我有一個夢」(I Have a Dream)卻提醒了我，即使是在美國，共同的夢想也能發揮巨大的力量，改變最根深柢固的現實。夢想正是改變的催化劑，它首先源自夢想者，然後一次又一次呈現在人們共同的夢想中。

約翰主持了一個名爲「改變夢想聯盟」(Dream Change Coalition)的機構，這幾年與亞馬遜原住民互動的過程中，他們一再告訴他，他的使命是敦促現代世界「改變夢想」。約翰跟著原住民族的薩滿巫師與耆老學習了許多年，他們教導他：「這世界正如你的夢想。」他們說，我們在現代世界所做的夢是夢想「更多」——更多工廠、更多公司、更多高速公路、更多房子、更多錢、更多建築物、更多車子、更多的每一樣東西。這些充滿智慧的耆老與薩滿巫師指出，這個夢現在已經變成可怕的惡夢，在整個地球擾動陣陣漣漪，造成了嚴重的破壞。

無論是與厄瓜多的阿楚瓦族互動，或與我們目前開始合作的其他原住民族，他們的訊息都是一樣的：「改變夢想。」他們說，我們其實無法改變日常的行爲，因爲它們的根永遠存在於我們對未來的夢想，我們也永遠會以符合夢想的方式行動。但是，他們說，夢本身可以在一個世代的空間裡被改變，而現在就是致力於改變夢想的時機。

我曾深入審視我們的夢想爲何，又從何而來？我發現，我們必須重新做夢，學習對「更多」這一個文化大夢提出質疑，開始創造一個符合禮敬生命、尊重生命、利益生命的夢想與未來。改變夢想的眞義或許是以截然不同的眼光看待世界——一如原住民族的方式。他們眼中的世界充裕滿盈、以心靈爲生命動力、充滿智慧、神祕，懂得反應與創造——它不斷產生並更新它自己，同時與在生命奧祕裡互相支持與合作的各種資源和諧共處。他們眼中的人類，是這偉大奧祕的一部分，每一個人所擁有的創造、合作與貢獻的能力都是無可限量的。

就歷史上而論，我們曾夢想與憧憬的世界，似乎是個固定的有限資源疾速消逝，導致我們必須不計代價、卯足全力來競爭才能倖存並取得有優勢的世界。從這樣的觀點或了解出發，或說從這樣的夢想出發，我們的行爲將造成越來越少人眞正有機會成爲贏家。我們努力剷除競爭者、我們啃食自己眞正的財富——亦即所有人的創造力量與獨創性這份一切生命本具的財富。

越趨明顯的結論是，機械化與物質化的世界觀是不正確而且不完整的。科學家與哲學家已經看見，對現實的客觀觀點是不完整的——主觀的現實是一個活躍而不可預測、創造力無窮且持續改變的神祕過程。

原住民族在那樣的世界裡生活、呼吸、行動，他們的夢想源自於對該現實的活生生體驗。邀請我們改變夢想的同時，他們也請求我們從那一個驅使我們做出當前行爲的夢境裡醒來——那其實是一個危險的催眠，一個處於自動駕駛模式的夢：夢中，我們面對有限的固定資源而不停想獲得、想累積更多；夢中，所有的成長都是好事，不管人類與環境要付出什麼代價。他們或許是在請求我們仔細看看，這一場催眠或夢境對自己與世界，還有動物、植物、天空、水，以及彼此……造成了多大的傷害。

他們或許是在邀請我們、懇求我們，重新看見我們所需要的一切已然存在，而且永遠都在。誠如甘地所言：「我們的需要能夠被滿足，但我們的貪欲卻無法被滿足。」

我無意過度理想化阿楚瓦人或原住民文化。阿楚瓦人無論是在歷史上或在我們被召喚前去會面的時候，都是以精良的戰士著稱。在他們的文化裡，他們爲關乎榮譽之事而戰，而非爲了財物，但不可否認的是，他們之所以讓鄰近的原住民部落敬而遠之，有很大一部分原因是這令人畏懼的聲譽。

這或許是天意吧！那最終催促他們從現代文化尋找合作夥伴以拯救雨林的古老預言，也爲他們迎來了一個全新的機會，透過金錢關係，以及不再孤立的全新合作經驗來體驗充裕之道。這個以充裕原則爲基礎的機會，邀請他們爲自己創造一個新的領袖角色，成爲全球運動中的關鍵一員，而不再是戰士。當他們與我們分享這個預言，敦促我們改變夢想的同時，他們因這預言而建立的合作關係，顯然也有效改變了他們自己的夢想。他們目前所關切的重點，是讓自己逐漸建立的金錢關係與他們的最高承諾和諧一致，成為經驗豐富且負責任的雨林監護人與領袖，創造一個永續的全球社群。

如同巴克所說：「每個人都擁有一份能贈予這世界的完美禮物——如果每個人都能釋放出那一份屬於自己獨一無二的禮物，世界將呈現整體的和諧。」如同原住民族在全球合作求生存的預言裡所說，我們必須重新接納（re-member，譯注：這裡有「記得」與「重新接納」雙關之意）彼此、重新團結起來、建立關係、分享彼此的禮物，如此世界自然而然能趨向平衡。沒有人願意讓自己的子孫生活在一個「你或我」的世界，必須努力爭鬥求生存。我們都盼望孩子們能自由自在、充分表達自己、活在和諧與合作的關係裡，禮敬生命與全體共享的資源。

如果我們有勇氣拋棄目前的夢想——想要累積更多的夢想、催眠與驅策力——就能開闢想像與創造新夢想的空間，在這新夢想中，我們看見自己能夠尊重、維護並且禮敬既有的一切。這充滿滋養的空間之中、與生命建立新關係的願景之中，將處處散發出自然的和諧與創造力。

接下來幾個章節，我會敍述如何從充裕的觀點重新看待周遭的世界，如何使用金錢做為一種愛的貨幣、一種承諾的管道，來重新夢想、重新創造世界。接著，則闡述以充裕之道過生活的特點。

ch.9

表明立場：以金錢之聲為自己發聲

給人們一個中心點，他們便能穩穩地站定。

——伊曼紐．伊里薩德二世（Manuel Elizalde, Jr.）
菲律賓帕拿敏（Panamin）

二千多年前，數學家阿基米德曾說：「給我一個立足點，我就能移動地球。」（Give me aplace to stand, and I will move the Earth.）我想說，當我們表明立場而找到立足點，就能夠移動「全世界」——由想法和執行想法者所構成的世界。表明立場是一種生活與存在的方式，它憑藉的是你內在的某個地方，那個你內心之中的你之所是。當你表明立場，它會賦予你眞實性、賦予你力量與清晰的視野。你在宇宙裡找到了一個位置，你有能力移動全世界。

錢，與我們生命的各個面向密切交織，所以當我們表明立場，下決心以生命發揮影響力帶來改變，它就在我們與金錢的關係裡產生組織的作用；反之亦然，當我們表明立場，下定決心利用金錢發揮影響力帶來改變，它也會在生命的各個面向產生組織的作用。

在一個像我們這樣一個極具侵略性的消費文化，每個人與每樣東西的金錢價值總是主要議題，要表明立場支持不同的東西，需要一點勇氣才能做到。主流的風氣不支持我們捍衛迥異於金錢的價值，不支持我們去了解、體察足夠之道進而發現世界的圓滿，也不支持我們去看看既有一切的價值。那樣的立場需要有意識地付出努力，然而一旦確立了該立場，它會開啟全新的觀點與存在方式，引領我們在金錢與生活上獲得意料之外的自由與力量。

打破沉默：從達馬普里到好萊塢

一九八六年，有一次我在四十八小時之內，先在印度一個偏遠村莊發生一段奇遇，然後返家後又接著在比佛利山莊享用了一頓奢華的晚餐。那一天讓我了解到，被殺傷力十足的金錢文化傳統所桎梏，是何等無奈與無力。無論你身在何處、身爲何人，要打破這樣的桎梏需要非常大的勇氣。那一天，我體會到表明立場所帶來的力量。

在南印度的坦米爾納都邦（Tamil Nadu），一次反饑餓行動任務上，我與同事受邀與一群來自達馬普里(Dharmapuri)某村莊的婦女會面，那是印度最窮困的地區之一。我們聚集在一片樹叢下，得知一個可怕的祕密，驚訝於這些婦女承受了多大的哀傷、羞恥與罪惡感。謀殺剛出生的女嬰在這個地區是十分普遍的行爲。女性在他們的社會沒有價值，過的是奴隸般的艱苦生活。更糟糕的是，生女兒意味著將來她結婚時家裡必須支付嫁妝的經濟負擔，這通常會使窮人家陷入破產的絕境。

因此，懷孕的母親都默默祈禱能生個男孩，生下女孩的婦女經常挨打，母親更經常親手將剛出生的女嬰殺死或悶死。丈夫對生下女孩的妻子引以爲恥，但女性之間的信念竟也相去不遠：女性的一生很悲慘，對家庭造成沉重的經濟負擔，所以讓女孩活下來很殘忍，倒不如把她殺死還比較慈悲。殺女嬰的事實並未被公開談論，但已被村裡的男人與大部分女人所接受並默許。

大約有十六位婦女與我和其他四位同事見面，他們每一個都至少親手殺死過一名女兒，也會協助其他婦女做同樣的事。透過這場親密的祕密聚會，這些婦女第一次娓娓道出親手殺死自己女兒的恐怖經歷，傳達出希望從創傷中獲得療癒的迫切渴望。她們希望將其他母親與女嬰從這種可怕的行爲拯救出來。就在和我們這些來自地球另一端的女性同在的這一刻，她們打破了長久以來的沉默，終於能公開爲被殺的嬰孩哀悼。她們哀嚎、痛哭，她們啜泣著，我們也跟著啜泣，然後我們擁抱彼此。目睹她們的痛苦，幾乎是一種無法承受之痛。

接著，她們一邊流淚一邊分享說，她們已經團結起來，承諾努力維護生命與女孩的價值。她們決心從自己做起，停止這種可怕的行爲，並鼓起勇氣幫助其他女性起而效尤。她們發現，奪走一個女兒的性命，代價遠比嫁妝本身高太多了，這種行徑不僅讓她們失去女兒的生命，也失去了自己的。

這些婦女從許下承諾開始，當下就地劃清底線，永遠結束這個惡性循環。她們會原諒自己，也祈求上天與亡故女兒的原諒，永不再協助其他女性殺嬰。此外，如果她們風聞有人計畫殺嬰，也會盡全力說服對方放棄這個行動。

我對她們的告白感到震驚不已，我的心被她們的悲傷撕裂，更被她們的勇氣深深感動。她們這一個世代，將會是這一地區打破沉默、捍衛自己與女兒之價值的世代，也將會結束恐怖殺嬰傳統的世代。

接著，她們說了一些深深影響我的話語，雖然我是在幾天之後才眞正明白這些話的意思。她們說，如果沒有「外來的耳朵與眼睛」，自己絕對無法跨出這勇敢的第一步。她們想要大聲說出口其實已經有一段時間了，但置身在一個期待女嬰消失、女性保持沉默的這種文化裡，她們只感到無能爲力，現在她們終於感受到決心的力量。透過我們的見證，這一份決心已沒有回頭路。她們決定好好處理毀滅性的嫁妝制度問題，這個傳統陋習讓女性從一出生起就變成一項債務。她們發願從最困難的一步開始做起——與男性對談。

與這些婦女們並肩而坐，沉浸在她們的故事裡，我也開始看清楚這些殺戮何以被容忍，甚至被接受。在靈魂的層面，她們深知這是錯的。現在她們終於看清楚，嫁妝制度如何扭曲了自己的生命價值觀。她們鼓起勇氣將未經質疑的傳統帶至檯面上，接受有意識的檢視並加以省思，從此展開解脫桎梏、釋放自己的漫長旅程。

經過了數天數十小時的親密對話後，她們問我，我的文化裡是否有什麼深深衝擊我的東西。我從尊重生命價值這個共同的立場出發，與她們分享自己對美國各類媒體所出現的暴力感到十分痛心，特別是電視、電影。我說，我們在美國，似乎不顧一切製造最粗鄙、最莫名其妙的暴力娛樂形式——一切都是以賺錢之名進行。這些可怕的畫面與訊息現在已大量出口到全球，而這僅是由紐約和好萊塢娛樂工業的一小撮人所主導的。眞正創造這些暴力節目與畫面的人，可能不到一千人，但傾注在這個產業的錢卻龐大得驚人，他們對獲利的上癮程度，與整個社會對暴力與破壞畫面越來越大的胃口不謀而合。

她們說，她們了解，也會支持我在自己的國家爲此事提出呼籲。她們直視我的眼睛告訴我，要我記得，她們支持我，並且鼓勵我大聲說出來。

返抵家門後不過幾個小時，我的承諾就受到試煉。我匆匆趕往比佛利山莊的一個豪華宅邸參加晚宴，剛好就坐在一位才華洋溢、執導過一系列知名電影的導演旁。就這麼巧，我在印度行之前剛好看了一部新片預告，就是他所執導的一部即將上映的電影，但那片子眞糟。那是一部瘋狂暴力的電影，和他以品質著稱的導演格調與風評根本不搭。我們聊了一會兒彼此手上進行的計畫，最後我終於開口向他問了那個一直在我心中纏繞的問題。這部電影和他之前拍的可謂南轅北轍，似乎無法與他的名導風範相匹配，爲什麼要拍這部片子呢？

他的解釋是因爲錢來得太容易，他說。他不會以這部電影爲榮，但它提供的財源大得不可思議，況且，他只需付出極短的時間與精力就可以完成。這筆交易實在好到令人無法拒絕。倒不是這種說法犯了什麼罪，或有什麼好令人驚訝的，特別是對好萊塢文化而言。事實上，在好萊塢文化裡，這只是椿普通生意而已。至於內容是否負責任、是否有損人格、素質低落，以及它對世界會產生什麼影響，並非電影交易裡的重點。由於金錢掛帥的文化如此盛行，因此不管你想做什麼事，它都可以提供各種好理由，甚至違背個人誠正原則的事亦然。

我想起四十八小時前才分手的印度婦女，還有我們說過的話——她們說「外來的耳朵與眼睛」幫助了她們重拾自己的良知與勇氣，開始過一個符合內在價值觀的生活。現在，在自己的家鄉，在這場優雅的餐會上，我和人聊著爲了賺大錢而拍爛片的話題，我面對的是，我們自己的金錢文化所形成的巨大力量，促使我們不顧一切與良知妥協。

要客觀地看見另一個文化的瘋狂行徑並不難，但要如此客觀地看清自己置身其中的文化——我們的金錢文化與金錢行爲——並不容易。我們被它重重包圍、深陷其中，一如印度婦女深陷於自己的文化。在那樣的環境下，殺嬰不會被視爲瘋狂行爲來對待，完全符合包圍了他們的文化信念；就像這位優秀的導演，完全與包圍他的文化信念步調一致：作爲一名傑出電影人才，他有能力只花幾個星期就拍出一部血腥暴力的爛片，然後輕易賺到數百萬美元。

我們聊著天，然後我與他分享印度婦女的故事，鼓勵他看看潛在的相似性。我又與他分享自己覺察之後如何下定決心，在文化裡的金錢角色方面，向那些可能導致貶抑生活或踐踏生命、未經檢視的假設與態度提出質疑，我邀請他共襄盛舉，然後又深入交談了一陣子。至少這是個開始吧。

我無法得知這場對話對他的意義爲何，但是就我而言，那一刻，惡質金錢文化裡的沉默突然變得清晰而痛苦。我知道，要擺脫它對我的生命所形成的桎梏，打破沉默只是第一步，或許對別人而言也是如此吧。

打破沉默，表明立場

金錢文化的沉默力量對每個人一視同仁。它是我們生命中最盲目、最棘手的一部分。我們與自己妥協、傷害自己，有時接二連三這麼做，有時更不顧一切合理化自己的一切作爲，好像它們是可以接受的、有道理似的。我們會抱怨，但不會質疑。我們呻吟哀嚎，但不反對也不拒絕。我們覺得動彈不得、悶悶不樂，但卻很少採取行動讓自己自由。

達馬普里的婦女所面臨的這一場終止殺嬰、廢除嫁妝制度的戰役，不但形勢嚴峻，更可能舉步維艱。這個承諾必然會引發其他婦女的嘲諷，造成村裡男性的嚴重反彈，但她們終究展現出超凡的勇氣，堅定表明維護女嬰生命的立場，表明生命神聖、維護人類尊嚴的立場。

就我自身募款的經驗，以及與那些需要錢或其他資源以完成工作的人們共事的體驗來看，我一再地見證，一個立足於充裕之道、眞實無僞的立場永遠值得信賴，它是有益生命、能引起廣大共鳴的，而且可能令人難以相信的是，它也永遠是成功的。當我們表明立場，表達發自靈魂的承諾時，心中的勇氣就會給予它力量。表明立場的人將從「擁有一個觀點」移動至發現「看的能力」的層面，或說願景的力量層面。

達馬普里婦女毅然表明立場的行動，創造出一個見解淸晰與說眞話的全新生活氛圍，這一場覺醒將擴散至她們的家人、村莊、鄰近地區，乃至全國。一個真誠無偽的立場必將產生足夠的資源來實現它，而且經常是以出人意表與幾近神祕的方式發生。在表明立場並大聲疾呼之後，這些婦女突然發現，竟然到處都有自己的盟友！

有一對夫妻——印度最負盛名的男、女電影明星——聽說了該地區這個終結殺女嬰的行動計畫之後，主動提供協助。他們拍攝了一段公益宣言，在達馬普里與塔米爾納都邦每一家戲院的每一部電影上映前播放，整個邦的人口多達五千五百萬人，透過電影，他們接觸到龐大的群衆。這部短片很有技巧地描述了他們當初迎接新生女兒到來時的喜悅與驚喜，生活中增添了這個女寶寶讓他們感到多麼興奮，還激動地保證要讓她接受良好的教育，也形容他們養育並支持她時，她所達到的成就。影片形容女兒是一項禮物，多半能在父母年老時提供幫助，以及印度社會上的小女孩與婦女所具有的絕對價值。這部影片不停在電影院和電影帳篷裡重複播放，給予人們一個新的眼光重新看待社會上女性的價值與貢獻。

接著，一位流行歌手也聽說了這個運動，隨即創作與錄製了一首歌，專門頌揚女兒的價值，說她們對國家的未來與幸福有多麼重要，以及女孩如何成爲每一個家庭、每一個村莊的心與靈。這一首錄音作品受到熱烈的歡迎，還成了暢銷歌曲，而且人人都對歌詞朗朗上口，一聽到音樂就能跟著唱和，這讓人們能用自己的聲音再度強化這些新的信念。

新聞記者也聞風而至，開始報導這個地方運動，於是，這份新的訊息逐漸在媒體與街頭巷尾的議論紛紛裡扎下了根。沒過多久，該地區的人便認知到時代已經改變，年輕女孩與婦女是社會上應受重視、有價值而且重要的一員。

今天，人們不再假設女兒結婚時就必須支付大筆嫁妝，這個金錢陋習是過去人們害怕生女孩的主要原因。它逐漸受到公開的質疑與挑戰，更有一個活躍且組織良好的運動致力於廢除這個陋習。年輕女孩逐漸成爲重要的受薪者，爲家庭收入做出貢獻，而且還創造出一個蓬勃發展的家庭手工業。婦女們則開始在政府擔任公職，甚至擔當起領導者的角色。十二年前，一小撮婦女在樹林裡堅定表明立場的舉動，至今仍持續改變著該地區每一個人的生活面貌。

「事情本來就是如此」的論調成爲謊言。嫁妝、殺嬰，只有在人們屈從於這個迷思時「才是如此」。鼓起勇氣打破沉默的婦女，做了一件勇敢而重要的事，那是每個人在與金錢關係裡都能做到的。我和名導演的對話只是一個開端，它讓我打破一己沉默，而這一片沉默是籠罩在充斥著金錢文化的貪婪與濫用的地方，例如好萊塢等地。

以金錢之聲爲自己發聲

在我自己的國家、社群，家庭、婚姻、友誼，甚至自己的心靈與頭腦裡，當我們尋求與金錢建立不同的關係時，難免會遭到懷疑，甚或否定。

有很多方法能打破沉默、採取行動，而直接以錢做出行動，是每個人都能立刻做到的，它不但是完全個人的行爲，而且力量很大。有些人可能希望對自己所支持的機構更慷慨些，有些人則希望用錢時更加顧慮到倫理道德的問題，不再讓錢流向那些貶低生命的產品或人。有些人可能會獻身公共服務，或用選票支持政府以善盡社會責任的方式在健康、教育，以及安全問題方面支出的公共開支。

無論我們如何抉擇，我們將錢投入世界的方式都表達了自己，每一塊錢都攜帶著一份能量、一份同意書，也攜帶著我們的意圖。匱乏的心態與「更多」的渴求將失去控制能力，我們開始做出了不同的選擇。錢成爲一個管道，一種表達我們最高理想的方式。錢成爲愛與承諾的貨幣，表達出你最美好的一部分，它不再是由空虛、缺乏，以及外在訊息的誘惑所驅使的消費貨幣。

金錢最爲非凡的面向之一，就是它使我們落實，所以如果我們把它放在承諾背後，它便將承諾落實，讓它們實現。我們可以期盼有更好的學校、乾淨的環境與世界和平，我們甚至可以當志工，但我們如果也能將錢放在這些意圖的背後，便是以嚴肅而認眞的角度看待這些事了。錢是個偉大的翻譯家，它能將意圖轉變爲眞實狀態，讓願景實現。

當你依循充裕之道而生活，爲某事表明立場之際，你便打開了自己的心與身邊所有人的心，這麼做你不但建構了願景、創造了現實，還能讓它成長，以致阻礙終究會一一散去。如同甘地、金恩博士、伊利莎白·凱迪·斯坦頓（Elizabeth Cady Stanton，譯注：美國女權運動領袖，一八一五生，卒於一九〇二年）、德蕾莎修女等人——歷史上有太多人並非被選擇、被指派或生下來就享有權力，而是因自己的立場所發揮的力量而改變了人類的歷史，這不光是指這些知名領袖，還有那些透過杯葛、捐獻，或有意識的購買來支持善盡社會責任的對象，以金錢表明立場的無數人民。

沒有人會認爲金恩博士是個募款者，但是他表明維護所有人的人權，爲這個國家的人權工作募得了數百萬元。德蕾莎修女從世界各地深受她感動的人身上，募得了億萬元，那些人渴望效法她做出貢獻，於是以金錢執行這一份宣言。人人都擁有這一份力量——無論在歷史上的何時、何地或何種社會階層皆然。沒有錢或錢不多的人也和很有錢的人一樣，有能力將金錢或資源之流引導至有意義的目標。透過單純地表明立場，他們開創了對話的空間與環境，藉此邀請他人往前踏出一步，大聲表達自己，讓自己被聽見。

利用選擇將生命與金錢組織起來

我自己知道，生命中有些時候，我以爲自己總有某樣東西不足，以致無法踏出一小步去促成大結構裡的改變。有時候，那個「某樣東西」就是錢，有時候是時間，而有時候那是去相信自己的意願，也就是認爲我自己一人也能發揮影響力。

在我剛開始投入終結饑餓的工作時，總認爲自己無法眞的認眞參與，因爲我有三個小孩、有老公，還有一大堆的實際障礙。但是當我傾聽靈魂的聲音，讓自己去感受世界的呼喚和自己必須貢獻的東西時，我釋放自己，讓自己自由泅泳於那種感受中，讓它爲我的生命做決定。所有關於金錢的抉擇，從投資、捐贈到花錢、存錢，皆由我的承諾流淌而出。每一件事都是一種表達，定義了我們曾許下的承諾。這不表示我們不會碰到焦慮與艱難的時刻，而是說，如現在一般，當我們求助於發自靈魂的承諾，以及我們想要表明什麼樣的立場時，每一件事就會開始順暢地流動，於是我們便能感受到自由。

你是否記得（在信用卡開始在你生活裡大行其道之前），爲一個你眞的很想要的東西存錢時有多麼喜悅？對一個孩子而言，那或許只是一件自己選的玩具。長大後，那或許是你的第一部車或第一間房子。或者，那是給某人的一份特別禮物。有了這個有意識的承諾，每當你拒絕花錢在其他東西上的時候，你對承諾的熱情，還有距離達成目標又接近一步的滿足感，很可能輕易超過了當下的遺憾心情。

大多數人都認爲，自由就是保持開放的選擇空間，保持輕鬆、隨時有空。然而，最終，讓選擇空間無止境地保持開放，本身卻成了一道枷鎖。你永遠無法選擇、你永遠無法愛上一個人、你永遠無法結婚、你永遠無法接受一份工作、你永遠無法發現自己眞正的使命，因爲你總是害怕承諾自己、全心投入。

如果你回顧過去生命中曾有過的自由體驗，很可能會發現，那不是當你對各種選擇稱斤論兩、算計評估的時候，或努力確保你不會被某個決定絆住的時候，而是當你充分表達自己、盡情展現自己的時候。那是當你毫無保留地做出抉擇的時候，當你知道自己已適得其所，甚至感到一種命定感的時候。那就是一個自由與自我表達的時刻，充滿喜悅而且對當下境遇甘之如飴的時刻——如果那是我們的選擇。當我們能安住於充裕之道、選擇欣賞現有的一切資源，感受它們在生命中緩緩流動並利用它發揮影響力、帶來改變時，便是將這一份自由帶入我們與金錢的關係之中。

讓我們的錢與靈魂產生共鳴，這件事每天都能做，甚至在最小、最世俗的金錢交易裡都能辦到，透過其他日常的、有助於鬆脫金錢控制的選擇也可以辦到。女性一般被認爲是較沒錢、對錢的控制權較低的族群，而我在北京的一次針對女性所舉辦的國際會議裡，見證了對金錢與生命表明立場所展現的驚人力量。

北京女性會議：金錢、靈魂與勇氣

一九九五年，超過五萬名來自世界各地的女性齊聚北京，參加聯合國第四屆「世界女性會議」(World Conference on Women)。這場大會後來稱爲「北京女性會議」(The Beijing Women's Conference)，是以研討會方式進行。讓我驚豔的是，竟有來自這麼多個不同地方的女性能匯集足夠的資源來到這裡，而且能善用這些資源讓自己向全世界發聲。

在機場，人海中滿是前來參加會議的女性，我從她們一部分人的穿著打扮，還有衣服的布料與民族圖案可以看出，有許多人並非屬於自己國家的富裕階級。根據我在那些國家工作的經驗，這些人其實是比較窮的族群，卻仍前來參加這一趟所費不貲，可能必須花費數千美元的旅行，這次大會一定對她們十分重要吧！我知道這些人是負擔不起的，因爲這可是兩年的工資啊！再者，這些人來自那些女性地位嚴重低落、工資微薄的地方，所以，她們怎麼來到這裡的？她們如何克服經濟上的困難？

答案就來自每一位女性爲自己的生命表明立場的故事。大會期間有個最感人的研討會名爲「人權法庭」(Human Rights Tribunal)，那是一段特別指定的時間，專門用來爲針對女性的人權迫害提供見證，婦女會站上見證講台分享她們的故事，就像在法庭一樣。房間大約可容納五百人，聽衆塞得滿滿的，我能擠進來算是很幸運。這一群平時十分活躍而健談的女性，在那些婦女輪流上台宣誓、報告自身經歷時，也陷入了一片靜默。

第一位上台報告的是一位來自瓜地馬拉的馬雅原住民農婦。她的個頭矮小，但絕非人微言輕。她穿著顏色鮮豔而美麗的瓜地馬拉傳統服裝。她的馬雅姐妹們攙扶著她步上講臺，全場鴉雀無聲地注視著。她受了傷，似乎很痛。甚至她都尙未開口，淚水就已經布滿了我的眼眶，顯然有件重要的事卽將發生。

她用輕柔的語調，透過英語翻譯，以西班牙語娓娓述說著她的故事。她有一個丈夫，十一個小孩。一天，軍隊前來她的農場找她丈夫和兩個大兒子，說他們是印地安人暴動分子。這三個人躲了起來，但她不知道他們的藏匿之處，便告訴軍人她對他們的行蹤一無所知。於是，軍人對她施加了一連串的殘酷折磨，先是在她面前把她飼養的動物一隻隻殺死。她拚命地一再告訴他們，自己眞的不知道他們的行蹤，也沒有任何消息，但他們拒絕接受這個回答。他們殺了她的豬、她的狗，然後是她的乳牛。

他們把動物全部殺光後，便威脅要開始殺她的孩子。她尖叫哭喊著自己眞的不知道丈夫和兒子的行蹤——他們眞的沒有告訴她藏匿之處，因爲他們知道如果她說謊，會讓家人陷入更大的危險。她苦苦哀求那些軍人停止殺戮，但他們不聽，就在她眼前將她其餘的孩子一個個殺害。當時有個孩子仍在襁褓中，他們將寶寶從她身上搶走，把她的乳房割下，然後殺死了寶寶。他們殺光了她農場裡的所有生物，不留一個活口，除了她以外，即使是她，也嚴重傷殘。

在聽衆席裡，我們聽著她回憶這場殘暴的攻擊時，個個震驚無語，現場只剩下那些倒抽一口氣的喘息聲。她再也沒有見過丈夫與兩個兒子，她說。他們至今仍是失蹤人口。她嚴重受創、肢體傷殘、孤苦無依，雖已展開身體上的治療，但她知道，心靈的創傷更加難以痊癒。在她深切的痛苦與悲傷之中，有一個新的想法漸漸開始成型，那是一個攜帶著希望種子的想法。她了解到，女性就是終結暴力的關鍵：如她一般的女性、每一個女性，還有所有女性的集合。她益加堅定地要讓女性聽見她的故事，讓它傳送至能夠發揮意義與力量的地方。

她聽說了北京女性會議這個史上最大的女性集會之後，心裡就知道她必須參加。她把仍然存在的農場賣掉，還賣掉了所有的家當——所有的鍋子、多餘的衣服等一切物品，然後發起募捐、從親戚家籌錢。

她籌到了剛好足夠支付機票飛往北京的一筆錢，但是還不夠她住旅館、不夠她吃飯，也不夠她飛回家鄉，就剛好只夠她來到這裡——做見證。她告訴我們這一件件的事實，只是希望這恐怖事件能轉而有所貢獻。她還說，她已賣掉所有財產，已沒有任何資金，但是她知道，即使她現在死去也是值得的，因爲會有願意承諾並充滿熱情的女性聽見她的故事，將它用在促進和平的工作上，用它做爲工具，幫助世界終止暴力與壓迫事件。房間裡五百名女性默默地聽著她說話，臉上流著淚水。

下一位女性來自波士尼亞。一九九五年，當地爆發大規模戰爭，而這場戰爭的其中一種系統化工具就是強暴敵方的婦女，讓她們「懷敵軍的種」。僅僅幾個月以前，這位女性才剛剛遭到強暴。敵方軍人將她捆綁在地上的木樁上，殺死她的丈夫與兒子後便開始強暴她。接下來的十天裡，她大約被強暴了十五次之多。她巨細靡遺向我們描述那些駭人聽聞、泯滅人性的細節，她一個個形容這些男性，這些暴力、滿懷仇恨的男性在她身上施加的性攻擊。

懷孕的她，領出所有的積蓄只爲了來參加這場大會，道出她的故事。她想要發聲，讓聲音被聽見、獲得他人的見證，並在這同一個場合進行公開宣誓。她向在場的所有女性保證，會以無條件的愛將這個寶寶養育成人，儘管是可惡敵人的兒子或女兒。她保證，儘管這孩子是透過如此慘無人道的方式降臨，她仍會愛他，讓他在一個沒有戰爭的環境出生，在那個地方，他們兩個將畢生奉獻於和平工作，終結將這種殘暴行徑合理化的戰爭。她見證完畢後，聽衆無不深深感動，許多人臉上已熱淚盈眶，有些人覺得自己再也無法承受了，但是接下來還有更多。

第三位女性是來自印度的焚妻事件受害者，也是需要旁人的攙扶與協助才能走上見證講台。她的臉孔嚴重扭曲，開口說話前，甚至看不見她的嘴巴在哪裡。她是在德里被焚的，那不過是幾個星期以前的事。她的丈夫與婆婆在她身上潑灑煤油，把她綁在一根椿上，只因爲嫁妝金額的糾紛。她逃脫出來，回到自己家裡尋求庇護。家人照顧燒傷的她，但是她的傷勢範圍實在太廣，很明顯地剩下的日子已經不多。她將這椿攻擊事件訴諸法律之後，便聽說了這場在中國舉行的會議。她明白，這就是她的歸宿，於是歷經萬難來到了這裡，希望能在這個會議安息。她告訴我們，之所以拖著這副燒焦變形的身軀來到北京，是「因爲我知道，如果我死在這裡，我的死就變得有意義了。」後來，她眞的在那裡死去了。

這些歷經磨難、阻礙重重，而且經濟拮据的女性，義無反顧地付出自己的一切，將自身的勇氣與力量，還有籌措到的每一塊錢，都發揮得淋漓盡致、一滴不剩，只爲了實現自己對和平工作與終止戰爭和暴力工作的承諾。這三位女性的見證結束之後，所有聽衆立刻進行募捐，並爲這三位女性的未來設立了一筆基金。我們爲那位瓜地馬拉婦女找到了住的地方，醫治她的傷口，然後募集了一筆回家的錢。我們爲波士尼亞婦女建立了一份教育基金供寶寶使用，還有一份供她與孩子使用的長期基金。來自印度的婦女傷勢實在太嚴重，醫療已無能爲力，但是我們盡力提供她最完善的照顧，一直到她兩個星期後於北京逝世。

這些女性將自己，包括金錢與靈魂，完完全全地、無私地投入這份承諾，她們的回報是需要獲得滿足、任務也達成了。她們的聲音被聽見了，她們的故事也被述說了。她們的見證的確對北京會議裡的數千人造成了影響，而透過當天現場聽衆的分享，全球各地又有許許多多的人知道了這些故事。除了故事本身的力量之外，這些女性的勇氣與她們匯集各路資源讓自己發聲的能力，正是最好的證明，它顯示我們每個人都有能力實踐最高承諾，有能力讓錢流向自己或流經過自己來支持這份工作。雖然她們投入的錢還有我們捐獻的錢並非多麼龐大的金額，但是當它爲了我們的承諾而作用時，便是力量無窮的。

在北京，我看見當一個人決心表明立場時，經濟力量隨卽變得唾手可得。這一個立場將自己匯聚資源、實現它自己，而你只是成爲這個立場的工具。北京這些了不起的女性來自極爲貧窮的地區，遭受極端壓迫的情況更是如家常便飯般頻繁，她們的出現，讓我見到許多和我一樣的人，還有任何時代、任何地方的人，都擁有一份相同的力量，能將最高承諾付諸行動，並在過程中創造出許多機會，讓錢流向自己或流經過自己，以支持這份工作。

善加利用願景、金錢與生活改變夢想

無論你是否覺察到，你每一天決定如何過生活、如何分配資源的選擇，都有其影響力。如果「金錢萬能」（money talks），那麼它就是透過我們而發聲、執行。你的每一個財務抉擇都是你是誰，以及你關心什麼的有力聲明。當你表明立場並讓錢也反映出這一件事，你對自己會更加確定。

要表明立場，你毋需改變職業、在事業上搞革命，或打包行李全家搬得遠遠的，企圖遠離什麼東西或接近什麼東西才能辦到。你賺錢的方式，如何選擇符合自身價值觀的工作，便能表達你的立場。你花錢爲家人提供食物、衣服、住所或者教育的方式，便能表達你的立場。它可以存在於你用來贊助社區或其他地方人民的那些錢當中，例如贊助慈善供食倉庫，或是受虐婦女、迷途孩子或遊民等等的收容所。它也可以存在於你用來加強自己的創造力與自我表達，或者用來上課、購買書籍、音樂等以充實自己的那些錢當中。它還可以存在於你用來購買產品、支持產品製造商的那些錢當中。它可能是你用來捐獻給啟發你的地方、國家或全球性組織的那些錢，以及你提供給他人的同樣機會。如果你是雇主，它可以存在於你投資在改善工作環境使其更圓滿、管理更順暢、員工更能發揮所長的錢當中。

每個人都有能力好好安排生活，我們用錢的立場與生活上的金錢流動，將無時無刻、每週每日都爲我們表達出自己的核心價值，而非必須等到「有一天」、「明年」或「等我退休」或「等我有的夠多時」才能去做。每一天的任何時候，我們都有許多機會表達自己的個體性與創意，有機會爲自己、家人、社群、城市或世界的願景做出貢獻。當我們將這樣的意識帶入在金錢與資源使用方面的抉擇，包括錢、時間、才能等，並且爲自己所相信的事物表明立場時，我們便重新活了過來。即使是一個小小的行爲，也充滿著意義，我們將感受到一股新的力量、新的能量在生命中生起。

無論你自己的行爲動機本質爲何，我都邀請你表明立場，莫再隨波逐流，而是要利用我們人人都擁有的機會深化我們的價值觀，展現出更大的決心活出這些價值觀、將它們流暢地表達出來。每個人都能利用一己的生活方式爲充裕之道發聲，將它運用在金錢事務與人我關係上。無論你用的是一塊錢還是一百萬，無論你是瓜地馬拉村民或非洲農民，是巨款繼承者或洗衣女工，是律師、作業員、醫生、藝術家、店員、麵包師傅或銀行員，你都絕對有能力以金錢打破沉默，並爲較高的人類價值表明立場，不再讓沉默保護著由匱乏所驅策的破壞性金錢文化。金錢攜帶的是我們賦予它的力量與意圖，用你的立場爲它背書，給它力量改變夢想吧！

ch. 10 對話的力量：以金錢活出生命

言語不會為既存的東西貼標籤。言語像雕刻匠的刀：將想法、東西從外在無形式的狀態釋放出來。一個人說話時，生出的不僅是他的語言，還有他正在說的東西。

——因紐特人（Inuit）智慧箴言

一九八七年的某一天，股市驟然暴跌，人們後來將那一天稱爲「黑色星期一」（Black Monday，譯注：指一九八七年十月十九日星期一所發生的全球性股災）。和許多人一樣，比爾和我也在股市投資了不少錢，但是短短幾個小時之內，我們就損失了對我們來說相當可怕的一筆錢。電視新聞不斷報導這次的經濟危機，空氣中瀰漫著深深的恐懼。人們害怕的是，一九三〇年代我們的父母輩所發生的那一次「經濟大蕭條」是否會再度出現。現在，輪到我們眼睜睜看著自己的因紐特人(Inuit)智慧箴言財務保障漸漸消失了。陷入恐慌的不只財產損失慘重的人，還有人擔心自己的公司倒閉，或爲了度過經濟危機而大規模裁員，使他們失去工作。許多人，包括比爾和我，整個晚上都坐在電視機前不停切換頻道，把所有新聞全部掃描一遍，看主持人訪問那些公司破產、數百萬美元憑空消失的人，還有來自企業、經濟、政治界的領袖們向觀眾透露自己最深的恐懼。

我們也深陷在恐懼的情緒裡，但是接下來，一個十分不同的情況逐漸顯現。我們把眼光從電視螢幕移開，開始談論這件事對我們全家會造成什麼樣的影響。談話過程中我們發現，整個「關於錢的報導」是叫做「股市」這一個大話題的一部分，然後它會影響到我們擁有的錢的數量。然而這樣的對話並未影響我們對彼此的感受。我們仍深愛對方，我們的生活完好無缺，我們的孩子也不會因此改變，三個孩子仍是那麼美麗、那麼懂得關心別人的年輕人，將來會成爲很棒的人。我們的健康亦毫無受損，我們對自己的生活滿意極了。

大眾的對話全是關於淨值從高處跌落至低處的論點，而如果我們聽從，很可能將自己的生活毀滅掉。我們很可能當局者迷、沮喪不已、成天擔心個不停或害怕個不停。我們很可能會被捲入這場漩渦，也就是當天觸目所及無處不在的漩渦。然而我們看了看彼此，立下一個小小的誓言，就是我們不會這麼做。我們可以將股市現狀視爲一個機會，讓我們好好算一算自己有多幸福，也重新細數那些非物質的資產——它們才是我們的眞實財富和生命，以及喜悅的基礎和重心。

我們不是不關心未來的財務狀況，我們確實很關心，只是那一日的股市暴跌恰好提供了一個管道，讓我們在當下深入認識並體會生活的美好，那是我們許久不曾做過的事。我還記得，當我再度體會眞正的繁榮富足是來自內心、來自家庭的充裕和滿足、來自豐富的愛之際，那一刻自己有多麼感動。

儘管如此，股市危機仍在周遭延燒，無論你在何時、何地、與誰對話，話題總是離不開恐懼、憤怒、損失的錢，還有破碎的夢。由於我們在轉移話題與注意力之後效果奇佳，遂決定將它與周遭的人分享，開啟另一種對話，期盼能對他人有所裨益。只要有朋友打電話來，我們在聊過憤怒與恐懼之類的話題之後便會開啟另一段對話——開始談一談愛的價值、依舊沒有動搖的親情與友情，以及毫無減損的內在資源，事實是，它不可能隨著股市波動而稍有減損。當然，我們仍對那未知的經濟狀況保持關心，但我們仍做出一個有意識的抉擇：不驚惶失措、不過度沉迷。

中文「危機」一詞的意義提醒了我，它可以是「危險」，也可以是「機會」，端看你如何解釋。我們了解，雖然我們控制不了股票市場，但假若我們能揚棄充斥著恐懼與焦慮的對話，開啟另一種著重於生命豐富面向的對話，那一股恐懼感便會消退無蹤。如果沒有恐懼與焦慮不安的干擾，面對情況時，「危機」便不再能控制我們，「危險」的感受確實能夠轉化爲「機會」。

接下來的幾個星期，我們和一些朋友持續練習著這種欣賞式的對話，讓自己安住於在家人、朋友、工作之間所擁有的資產，對它們加倍關注，試圖好好利用生命的每一天做出貢獻。那一天損失的錢，雖然後來從未能失而復得，但我們很快就重新找到幸福的感受，還有對未來的信心，在穿越重重財務險境的過程之中也能清楚而冷靜地思考。後來，回顧那一次經驗，我們發現自己之所以復元得那麼快，是從轉移對話，繼而轉移注意力的那一瞬間開始的，我們從談論損失轉而談論我們剩餘的資產，包括財務與其他方面的資產。對我們而言，「黑色星期一」所帶來的危機體驗，只持續了一天之中區區幾小時的時光。對於那些一直困在危機對話裡的人而言——有些人甚至永遠未能跳脫——損失與恐懼的陰霾將持續不散，時間一久，所消耗的不光是財務上的儲蓄，還有情緒上甚或心靈上的健全與穩定。

對話製造生命的狀態

人們以爲自己是活在某一個特定世界、活在一套特定環境裡，其實不然。我們是活在自己對這世界的、對環境所進行的對話裡。當我們開啟關於害怕與恐慌的對話、關於復仇憤怒懲罰或嫉妒欽羨比較的對話，那就成爲我們棲身的世界。如果我們置身在關於潛能、關於感謝與欣賞眼前一切的對話，那也同樣會成爲我們棲身的世界。過去，我以爲自己說出口的話單純只是內心想法的表達，但是經驗告訴我，同樣眞實的是，我們說出口的話也創造出我們的想法、我們的體驗，甚至我們的世界。我們和自己與他人展開的對話——那些抓住我們注意力的想法——擁有巨大的力量，牽引著我們如何感受、如何體驗，如何看待當下的世界。

匱乏言論的出發角度是：「永遠不夠、空虛、恐懼、不信任、欽羨、貪婪、囤積、競爭、破碎、分離、評斷、爭鬥、覺得理所應得、控制、忙碌、求生，以及外在的富裕」等等。在匱乏的對話裡，我們妄下評斷、比較、批評，爲他人貼上贏家和輸家的標籤。我們對逐漸增多的數量與過剩情況大肆讚頌。我們的重心是渴求、期待、不滿足。我們以「比什麼好」或「比什麼差」來定義自己，也讓錢來定義我們，而非以更有深度的方式定義自己，進而透過錢來表達該品質。

充裕言論的出發角度則是：「感謝、滿足、愛、信任、尊重、貢獻、信心、慈悲、整合、整體、承諾、接受、合夥、責任、韌性，以及內在的富裕」等等。在充裕的對話裡，我們承認當下的狀態、欣賞它的價值，而且能夠想像如何利用它發揮影響力以帶來改變。我們認清、肯定，然後全心擁抱。我們讚頌的是質更甚於量。我們將重心放在誠正原則、不同的可能性，以及資源的豐富上面。我們以自己的能量和意圖來定義金錢。

這兩組詞彙的差別及其發揮的影響力，從二〇〇一年九一一恐怖攻擊事件後全國民眾的反應就可以獲得證明，這些反應呈現出既啟發人心又令人不安的面向。在世貿大樓與五角大廈紛紛遭到攻擊，第四架客機墜毀在賓州之後，民眾在震驚與悲傷的情緒下所展現的慷慨大度與慈悲精神，立刻占據了周遭所有的媒體與對話。

接下來的日子裡，我們不斷聽見一個又一個的故事，講的不僅是關於在當天遭受攻擊與在英勇救援任務中喪生的人，還包括了成千上萬透過各種方式站出來，持續輸送書信、禱告、食物、衣服和金錢給受難家屬或搜救人員家屬等以表示關心與支持的族群。我記得自己在當時前往舊金山住家附近的捐血中心，發現排隊等候捐血的隊伍整整圍繞了一整個街區。在隊伍裡等待時，人們彼此交談，分享彼此震驚的感受，以及渴望為這件事做點什麼的心情，每個人的對話都是關於如何互相幫助。

在最初幾個星期，情況猶如我們全都返回到自己的「歸零地」（Ground Zero，譯注：對九一一攻擊遺址的普遍稱呼）——我們內心與靈魂的歸零地。大眾對話表達的是最美好的價值與行爲，包括救援工作者無私的典範、世界各地的人民對美國民眾的支持與關懷，以及每一個美國人都想要幫忙，或捐血、捐錢的渴望。人們在各個方面打開自己心門。人們公開表示，對自己依然完整的家心存感激，爲那些失去摯愛親友的人哀傷、哭泣。他們放下宗教歧見，在跨宗教聚會裡一同祈禱。突然之間，人們對遭受阿富汗宗教極端分子迫害的人民生起了慈悲與關懷——特別是生活極爲艱困的婦女與兒童。到處都在舉行燭光儀式與祈禱活動，人們深深感受到也深深知道，我們透過彼此的寬大爲懷與慈悲心互相聯繫著。

接著，幾個星期之後，這集體的震驚與哀悼開始以景氣低迷的狀態呈現，特別是零售業者的業績嚴重下滑。於是，小布希總統出現在電視上大聲疾呼，請美國人支持經濟，開始回去幹正事——花錢的正事。逛街購物被形容爲愛國的表現，一種秀給恐怖分子看，說他們打不垮我們的經濟、打不垮消費主義、美國精神與美式生活的手段。

我記得，在小布希總統發表完這段演說的幾天內，大眾對話裡的哀傷、寬大與慈悲主題，似乎是極其尷尬地、幾乎是不情願地被突然喊停。接著，對話主題開始轉向了，它只短暫停頓了一下，留下些許戒愼恐懼的痕跡後，便轉向了新的規則。短短幾天之內，報紙與電視新聞記者已轉移陣地，將採訪陣容移向大型購物商場，開始訪問逛街購物的人，好像他們是這個新消費愛國主義裡衝鋒陷陣的步兵似的。媒體大幅報導著零售業績的數字，更以頭條新聞處理，而且他們處理那些數字的方式，就好像購買零售商品才是讓這個國家從恐怖攻擊的創傷中復元的方法。那些主張用反思或靈性方式回應的團體或社區活動報導，全部被關於經濟與週末電影票房冠軍的報導取而代之。在購物中心接受採訪的人，一再成爲媒體指定的全民發言人，他們描述著自己會繼續購物與花錢的決心，這樣「才不會活在恐懼裡」。

沒有什麼人注意那些探討深層問題的人，探討我們國家在國際上的行爲，以及如何使用我們的金錢與力量來促進與其他國家之間的夥伴關係與和平的話題。這樣的對話其實在總統的演說前才正要開始發聲，但卻突然從麥克風前被移除。情況就像是，大衆的注意力在同一秒鐘就從悲劇、分享分擔與內省，轉向了消費購物與獲取。一種防衛式的、充滿挑釁意味的全新對話展開了，而錢，就是這對話的焦點。

美國國旗出現在任何你能想像的、能夠行銷的東西上，從手機到內褲、從汽車保險桿貼紙到食品包裝一應俱全。當時我在加拿大演講，我記得自己返回國門經過邊界時，看見一幅巨大的國旗看板，通常我是爲它感到驕傲的，但在這個畫面裡，國旗上面有些小把手，看起來就像一個巨型購物袋，上面還寫著：「美國開門營業中。」

這已成爲新的對話，其中美國價值從公民的品質與個人人格轉向了消費者購物與經濟，從人類價值轉向了消費價值。這個提倡消費卽愛國的時機，尤其不適宜，因爲它唐突地打擾了一個哀悼中的國家。出事地點仍是一片煙霧瀰漫的斷垣殘壁，據信有將近四千人死亡，他們的遺體仍未拼湊完整，而我們的國家卻將對話轉至花錢，用這種手段來挽回顏面、挽回經濟、挽回這個國家。這著實符合了某些「醜陋美國人」的刻板印象——膚淺與物質主義的消費者——那些恐怖分子用來合理化仇恨行爲的特質。

我不反對買東西，也不是在反對做生意的人或零售業者。那是我們生活中活力十足的一部分，但那不是「眞正的我們」。那不是讓一個人變得偉大，或讓國家變偉大的因素。它無法療癒這個國家，讓它從恐怖攻擊或數千性命被奪走的哀傷中康復。它甚至無法拯救一個自我毀滅的經濟，一個依賴永不滿足與非永續成長的經濟。此外，它更無法贏得世上其他消費較少的人民與國家的尊敬。

如果我們將這全國性的對話做爲一面鏡子來檢視我們與金錢的關係，我們會看到，在危機時刻，我們的自然反應其實是表達出充裕之道。突然之間，我們生息與共，我們都擁有足夠的東西可以分享、足夠的錢可以捐獻、足夠的血可以捐輸。我們的心是敞開的，人們從各地趕來，合力解決問題。整個國家與全世界都站出來提供幫助、療癒彼此。對話創造了一個

「你和我」的世界，那樣的世界支持並且表達這種慷慨大度、生生不息的金錢關係。

然後，全國性的對話突然大轉彎，將經濟恐懼、花錢與獲得變成了聚焦點，我們因此瞬間被匱乏的心態牢牢掌控。「不夠」、「越多越好」、「事情本來就是如此」的想法瀰漫在大眾對話之間。「你和我」的世界頓時消失，被「你或我」的世界取代了。

匱乏的恐懼——經濟活動不夠、別人對我們貴爲全球強權的尊敬不夠、國土安全不夠——成了合理化的理由，於是我們順理成章地充滿防衛心與恐懼，甚至以不理性的心態來用錢，如此才能清楚展示我們的經濟軍事實力，以及國家的政治團結。這種對話煽動人民支持侵略性的軍事回應，淹沒了那些試圖透過外交或人道夥伴關係採取有意義行動的聲音。這種對話將我們在地球上的鄰居歸類爲「不是挺我，就是反我」，沒有留下任何提出合理異議的空間，而此舉又凸顯出恐懼與復仇的需要，以便能對抗界定不清的所謂「邪惡軸心」（axis of evil，譯注：小布希總統的用詞，意指那些贊助恐怖分子的政權）。這種對話的設計，目的是做爲戰爭的序曲。

越過美加邊界時，我記得自己看到購物袋國旗時心情不知有多麼沮喪，遂決定回家後撰寫一篇評論公開發表。接下來的幾天，「全民瘋購物」的主題席捲全國，消費振興主義迅速取代了更深刻卻較安靜的人道價值對話。撰寫文章時，我感到十分痛心，因此最後文章並沒有完成。那一波匱乏導向的對話所產生力道，阻止了我預定的前進路線。「事情本來就是如此」的迷思，對我而言成了再眞實不過的定論。我記得自己當時的無望感，覺得不可能有人聽見我的聲音，所以我放棄了。

大約就在那時候，我前往參加一個早已安排好的會議，與來自一個名爲「逆轉潮聯盟」(Turning Tide Coalition)的十二位同事開會。該組織是由頗負盛名的行動主義者所組成的對話小組，這些行動主義者皆是運動領袖，致力於創造一個公正、繁榮、永續的生活方式。我們預訂舉行兩天的會議，而這兩天對與會的每一個人竟猶如滋補一般，讓我們精神爲之一振。

我們都認知到全國的對話發生了令人深感挫折的轉變，從慷慨與慈悲轉向了恐懼、不確定、憤怒、復仇與戰爭，於是決定盡全力讓這場對話轉回更貼近靈魂層面的方向。其中一個最簡單的舉動就是：發出一系列溝通式的 e-mail，邀請人們重新接觸自己和他人身上的美好特質，而非悵然若失地活在恐懼與誤導性的消費主義裡。有些信的內容直接指向國家所面臨的嚴肅課題及一些思考方向，希望能激發出更實際而有力的回應，避免反射性地訴諸武力。隨著十二月的耶誕假期即將來臨，我們也和人們分享一些朋友正在進行的所謂「禮物轉換」(gift shift)的活動。他們從購買禮物轉換至捐獻出金錢或時間，從花錢買禮物轉換至花時間與人相處，從機械化的制式做法轉換至表達更深刻的聯繫。

我們將 e-mail 與信函發送至個人與組織的聯絡名單，邀請他們廣爲轉寄，也可以添加自己的感言，讓這些較冷靜、不商業化、經過深思熟慮的觀點能在公眾對話裡占有一席之地。我們架設了一個網站，讓人們分享自己的故事和禮物轉換的構想。

製作這些訊息讓我們的心煥然一新。隨著 e-mail 開始傳遞，最初我們接觸到了幾百個人，然後是幾千個人。顯然有許許多多的人希望能加入這樣的對話，表達出充裕之道，以及彼此的聯繫與分享，而這樣的對話也隨著每一個人的聲音變得益加深廣。

每一份訊息都顯示，無論環境如何、對話內容如何，底下永遠潛藏著一個希望彼此聯繫、體現充裕之道的渴望。網路信件轉寄活動的超高速度與效應提醒了我們，那些擁抱充裕之道的言行與觀點的所謂「隱藏的主流」，的確存在。他們想要看見的是，自己的納稅錢、自己的開支，以及人道救援的錢，被投資在促進永續生活、世界和平與公平的事務上，而不是消耗、復仇和軍事擴張。這也再度提醒了我，很重要的是，這隱藏主流中的我們要能大聲說出來、啟動創造充裕之道的對話並邀請他人共襄盛舉。

這一場歷史上的嚴酷考驗與隨之而來的戰爭，讓許多事情浮上了檯面，成爲眾所矚目的焦點，包括我們——做爲一個國家與個人——與金錢的關係。害怕我們的石油不夠，主導了許多國內政策與中東的軍事策略。做爲一個國家，我們寧願爲了石油利益而開戰，也不願降低石化燃料的使用比率以及對進口石油的依賴，即使犧牲無辜生命也在所不惜。這種永不滿足、一再要求更多的超大胃口，已讓美國在許多方面喪失了人性，這樣的態度更帶來了嚴重的後果。是該要求誠實對話與自我檢討的時候了，因爲我們已經看見，全國巨大的消費胃口與我們在國際上經常被形容爲自大而貪婪的消費者形象，眞正的代價是什麼。我們能做的就是表明立場、改變夢想，讓這一場對話轉變爲「足夠」。

以金錢活出生命：細聽彼此卓越之處、說出眞相

我在絕大多數清醒的時間裡都在談錢這個東西。雖然我的專案計畫和預算規模經常是全球性的，但對話的主要本質卻忠實地反映出我們日常生活中所討論的金錢相關事務——也就是物流學——決定需要多少錢來做這件事、錢從哪裡來、由誰管理，以及如何使用它完成任務。這些問題與對話雖然顯得如此平凡而世俗，卻能引導我們探觸最深的眞理與假象，還有金錢故事裡、我們與金錢的關係裡最巧妙的騙局。

二〇〇三年股市低迷時期，若干美國最有錢的基金會開始針對支援婦孺、環境、公共健康、教育、安全等項目的單位與機構裁減撥款。其中有一個星期，我在自家客廳像一道旋轉

門一樣忙得團團轉，來自各單位的募款與發展工作人員——而且是來自聲譽良好、廣受推崇的機構——都前來商討這突如其來的募款危機。

在慈善事業這個大家庭裡，各基金會因爲經濟狀況惡化、投資組合的報酬率下降而感到緊張不安，這是可以理解的。然而，在許多個案裡，基金會的財務實力仍十分雄厚，仍有數百萬、數千萬的資金可供運用，在營運與專案計畫的推動上都不成問題，削減援助款項只是一種預防性的財政措施。而這些削減措施卻對非營利機構及其在全球推動重要工作的能力造成極大的殺傷力。

接下來那幾個月的時間，這些掙扎求生的機構轉移了對話的焦點，改爲著重在如何以少做多。同時，有些基金會也開始深入檢視削減工作的優先順序——他們的最高承諾是否是雄心萬丈的財務目標，即使達成這些目標的代價是必須削減撥款，停止重要工作的推動？或是在這種時機下，更重要的是否是支持那些代表了基金會所宣誓之慈善使命的工作，以負責任的態度改變內部的財務決策與期望，以兌現這份承諾？這些對話又引發了其他對話，例如投資的本質，以及投資組合是否正確反應出基金會的價值觀等等。舉例來說，如果基金會的使命是關於促進公共與社區健康，投資菸草產業並從中獲利是否適當？

一一討論這些議題的過程，讓問題兩端的成員都有機會進行自我檢討，也邀請人們以誠實而清楚的態度面對自己的動機、意圖、優先順序，以及承諾的問題。它要求我們離開匱乏的對話與它所引發的恐懼與保護主義，然後轉向充裕的對話，了解到不僅「東西是足夠的」，我們也是足以因應挑戰的。

立足於充裕的對話為金錢的議題另闢蹊徑，開創新的可能性，將靈魂的品質帶入其中。我們致力於傾聽，不但傾聽彼此的話語，也細聽彼此的卓越之處。我們可以觀察自己，傾聽自己如何建構關於金錢的對話與決定。我們可以問問自己，在這個時刻我們想要用手上的錢做一個什麼樣的人，我們需要做些什麼，才能帶給最多人最大的利益。

在我所見過的每一個成功故事裡，立足於充裕的對話一向位居核心要角，無論在塞內加爾困窘的村莊，或是在我們國內人民的困境與抉擇裡皆然。當「豪勇七蛟龍」將村莊裡的對話從失敗離開，轉向耕耘土地的創意，第一時間迸發而出的東西就是一種充滿可能性與能力的感受。從這感受又生出了策略與堅定的行動，終至最後的成功。離婚的人，還有其他遭受個人或財務重創後重建蓬勃生活的人經常告訴我，這中間的關鍵點在於他們能夠將注意力與對話從當時的傷害與損失中移開，轉而開始將焦點放在自身的內在資源，並且認真談論這些可能性。

達賴喇嘛尊者曾在他的著作《新千禧年的心靈革命》（Ethics for the New Millennium）一書，與我們分享印度聖者寂天菩薩的智慧。寂天菩薩有一次注意到，「我們不可能找到足夠的皮革覆蓋住全部的土地，讓我們的腳不會踩到刺，但事實上我們不需要這麼做，只要把我們自己的腳底包覆起來就夠了。」

我們不可能總是去改變周遭環境，但卻可以選擇要對它進行什麼樣的對話。在一個滿布荊棘的世界，一個由「不夠」、「越多越好」、「事情本來就是如此」的想法來主導對話的文化，我們雖然仍必須生活在其中，但我們可以「把腳底包覆起來」。我們不必對行不通的事情加以否認或視而不見，依然能夠將注意力轉向使自己蓬勃發展的面向，並讓這樣的對話成爲人生旅程的狀態。我們可以選擇自己的話語，形成新的「終生監禁」（life sentence，譯注：雙關用法，sentence 一字有判刑與句子之意）用它來導止自己與金錢的關係。

我自己的其中一個有待破解的最大難題，就是關於金錢匱乏的終生監禁，那些深深鑲嵌在我信念系統中的辭藻與結構，我多年來在不知不覺的情況下照單全收，讓它影響著我的財務生活。面對並重新檢視它們的價值，然後再重新改寫以讓它更符合眞相，雖然不必然是件簡單的事，但這種過程一向是非常有效的練習，經常能帶來深刻的轉變。

深入來看，金錢是性別議題的引爆點。在我成長的時代與家庭背景中，人們期待男性賺錢並且擁有那份特殊權力，女性則否。在一九五〇年代，女性若獲得財務上的成功肯定是個特例。即使今天這種現象早已見怪不怪，在我這一輩的人看來仍算是一種特例，一種令人驚訝的現象。

今天的年輕女性，從同儕或從周遭的女性身上贏得權力的經驗，已讓她們建立起新的觀點。她們對賺錢理財的概念並不陌生，然而我們的文化仍在女性與男性的金錢對話裡強加了不同的標準。問題來了，無論明示或暗示，女性要用什麼來交換才能在財務上獲得成功？——婚姻、家庭、孩子、負責任的親子關係，或基本的誠實正直？無論男性或女性，當任何人必須在財務上做出抉擇的時候，都可能合理地提出這些問題，但是這些問題更常聚焦女性的現象，爲男女雙方的金錢觀蒙上一層色彩，而這影響了日常基本互動裡的諸多細節。

以我自己而言，在實際事務上，我信賴丈夫掌握家中財務的管理與決策大權，盡量讓自己不去管這件事。這種安排方式的問題不在於我丈夫能提供理財智慧，而是我自己藉故自絕於金錢上的互動，或不與他商討財務議題。我可以合理地解釋說，他在這方面比我在行，或說那就是我們家分工的方式，但我如果誠實面對，就會看見這種安排有其情感上的因素，那是不言而喻的、未經檢視的。

我做過的第一次金錢捐獻，是一個讓自己都大開眼界的行爲，一個邁向有意識承諾的行爲，它的出現完全在我的意料之外。當時比爾仍是家中賺錢的人，我們生活無虞，算是十分舒適。我在募款工作上的經驗仍嫌不足，但已擔任反饑餓計畫裡一個小型募款活動的聯絡人。我們邀請了大約四十個人，活動由一位受人敬重的企業家李奧納主持。介紹過募款策略的相關議題之後，就是到了該向與會者提出捐款請求的時候，我向李奧納打信號，他竟邀請我一起坐下，加入與會者之中，這讓我大感意外。

李奧納開始發送認捐卡。當時我心想，看來自己設計卡片的工作做得還不錯——沒有錯字！接著，大家開始傳遞一小盒鉛筆，那全部是我削的，還好夠發給每個人——事情很順利，我覺得很開心！然後李奧納親自把認捐卡遞給我，這讓我覺得很訝異。我是個年輕母親，也對反饑餓計畫做出了美好的承諾，但畢竟我的薪水很少，根本不認爲自己有什麼可以自由運用的錢。

在家裡，我固定領取支付家用品、生活花費與保姆的零用金，但是基本上，在個人開銷這方面，我在家中所占分量卻頗爲微小，而且我更覺得自己無權用那些錢來認捐——那是家用錢，不是我一個人的，我不覺得有那種自由用它來承諾什麼。然而，我卻有一陣發自靈魂的感動，想要認捐兩千美元。當我在認捐卡寫下這個數字時，突然有一種感覺——是的，這數字的確有點勉強，但也是我最眞心的宣言，它代表我的承諾，我只要重新安排一下家用等其他開支就可以辦到。因此，當我在那張寫了兩千美元的認捐卡上簽名交回時，我立刻感受到一股意外的愉悅心情與力量。就是在那個時間點，我開始以最私人的方式用錢表明立場。當時我知道，我們一定可以找到履行那張認捐卡的方法。

我進了車子準備回家，但是車子都還沒開上馬路，我的心已驚慌失措。瞧我幹了什麼好事？我不知道自己要怎麼弄到這筆錢，又要怎麼告訴丈夫？我覺得自己似乎跨過界了，沒有先和他商量就拿我們的錢做出那樣的承諾，我要怎麼爲自己的決定辯護？我強烈覺察到心中生起的那股無力感——對家中男性如孩子般的順從——還有對金錢議題的不安與擔憂，不斷想著自己要如何向他解釋？他又會如何反應？後來，比爾對我的募款工作表示支持，也支持我利用家庭資源做出更深刻的承諾。但是在我得知他的態度之前，我的擔憂卻是如此眞實。

這個小事件看似平凡無奇，但我們兩人在金錢上的對話卻充斥著終生監禁的信念，我的對話表現出一種傳統的不參與和依賴，他的則表現出傳統的管理和控制。這種金錢方面的性別權力互動，同樣會在世界各地的男女之間上演，這是一個未經質疑的假設、一件我們因害怕引起反彈而不願去擾動或挑戰的事。

全球各地的女性工作量十分龐大：照顧孩子、煮飯、餵飽家人、管理家務，加上還經常可能擁有一個工作繁忙的事業。在開發程度較低的國家，女性的貢獻尤其無法估量，她們負擔了繁重的工作，這些從未被正式承認、未支取任何金錢報酬、也未被視爲經濟的一部分。

以非洲的撒哈拉沙漠南部地區爲例，百分之八十五耕作糧食的農民都是女性，然而她們的工作卻沒有被正式認可，亦無任何金錢價值。

在開發程度較高的國家，工作場合上的性別不平等嚴重反映在金錢上。同樣的事也反映在離婚協議，以及針對傳統上經常出女性擔綱的工作的態度上，例如護士與教職，儘管他們在我們的文化裡扮演了重要角色，得到的酬勞卻很低。這種態度大規模表現在照護機構經費不足，工業與軍事活動卻經費過多的現象。

性別與金錢的扭曲，以極高的比率存在於世界各地，但它其實是從自家開始的，就在我們的家庭裡、在我們的內心，在那些地方，無力感或理所應得的心理主導了我們對錢的感受。除非這些更深層的金錢議題獲得和解——包括個別男性與個別女性之間的，還有所有男性與所有女性之間的——否則錢在我們的金錢關係與人我關係裡，包括親密關係、生活上的公共領域、工作或公共政策上，仍將是個盲點，也將持續是個引爆點。

在我們的信念與世界觀裡，都潛藏著一些「終生監禁」，不過仍有可能將它們重新改寫、有意識地重新做出回應，將我們獲得的美好啟示落實在金錢事務上：

金錢如水，它可以是承諾的管道、愛的貨幣。

金錢隨著我們滋養自己與周遭世界的最高承諾而流動。
凡你欣賞之事必會增值。
當你利用既有的一切帶來改變，它會不斷擴大。
合作創造繁榮。
真正的豐盛是從「足夠」流瀉而出的，而非「更多」。
金錢攜帶著我們的意圖。如果我們以誠正之心使用它，它就會帶著這一份心前進。
了解金錢之流——你的錢如何在世上移動，你必須負起責任。
讓你的靈魂為你的錢傳遞訊息，讓你的錢表達你的靈魂。
評估你的資產——不只是錢，還包括你的人格與能力、你的人際關係，以及其他非關金錢的資源。

每一個人都擁有轉換、改變、創造對話的能力，而對話可以塑造環境。對話所蘊含的力量，正等著我們去發揮、運用。當我們以充裕的觀點來傾聽、說話與回應，便能在我們與金錢的關係、與生命的關係裡獲得新的自由與力量。

ch. 11

創造「足夠」的傳承：金錢意識的無形遺產

你活過的生命，就是你留下的遺產。

我的母親病危中。她八十七歲，五月時被診斷爲癌症末期。醫生說，她只剩下幾個月好活了，我母親自己也很清楚。她決定在這剩餘的歲月全心活在當下，好好欣賞並感謝她的家、她的花園、家人，以及她生命中摯愛的親朋好友與地方。

她的四個成年子女散居各地，包括我在內，離她位於棕櫚泉的住家距離不等，但都經常前去探視她。我們輪流與她同住，但過了一陣子之後，我決定長住她家，陪伴她度過生命最後這段日子。我認爲，共同面對她的死亡對我們母女倆及所有家人而言，都是個特別的機會，我們可以與彼此建立前所未有的深刻關係。許多年前，我十三歲生日的前一天，父親突然在睡夢中心臟病發逝世。他沒有生病或纏綿病榻，而且正值五十一歲的壯年，但就在某一天晚上，我們全都像平常一樣就寢，只是次日早晨我們醒過來了，他卻沒有。對全家人來說，那是個突如其來的驚嚇，失去摯親的深深創痛。

因此，知道自己能和母親共享她生命最後一段時間，是個莫大的恩賜。對我而言，那是個讓我深刻體驗生命意義的機會，體驗死亡並非突然失去，而是在走向終點的過程中，讓我們更加警醒而敏銳地體驗活著的感覺。

在步入母親死亡前的那幾個星期，我們熱烈聊著關於生命的種種，還有關於她一生的種種。我們回顧她的一生有多麼豐富，能一一盤點曾有過的祝福、恩賜、痛苦、失望、還有懊悔、錯誤等，對這生命最後階段來說有多麼重要。那些痛苦的回憶與傷口，似乎始終在等候人們的探訪，不管多少年過去，總是不必太費力就能輕易被記起。但是祝福、成就、恩典的時刻，才是她真正想要細細回顧的東西。因此，我們特別撥出一個星期的時間，專門做這件事。母親想要透過深入回憶，將許多隨著從前的忙碌生活被封存在歷史中的經驗帶至眼前，以此完成她的生命。

一天，我們將注意力轉向了她生命中的錢。當時，她還可以起來在椅子坐著，也還能扶著助行器走路。我們在一個陽光燦爛的美好日子，坐在她家外面的庭院裡，享受和風徐徐拂拭，花園花團錦簇，散發著清香。她在談話過程提到，自己曾是個成功的募款者，我能追隨她的步伐，她感到很驕傲。她說，自己的募款方式和我的不同，因爲那是個不同的年代，當時富裕女性在附屬的女性機構進行慈善活動，多半是出自義務。對一些人來說，她說，他們從事「慈善工作」是身分的關係，或爲了獲得某種社會地位。她承認，這也是她當初的動機，但是回顧整個過程，這些奉獻出時間與精力來籌辦募款活動的機會，是她生命裡最美好、最重要的經歷之一。

她依然記得自己第一次募款的情形。當時她是個少婦、年輕的媽媽，三十多歲，住在伊利諾州的伊凡斯頓(Evanston)。她接了一個當地的慈善活動並設下了募款目標。該機構是個社區單位，專門爲人安排嬰兒收養事宜，並爲孤兒或棄嬰提供收容照顧，讓嬰兒的父母候選人前來探視。

現在，五十多年後，當時的情景仍像昨天一樣歷歷在目，她仍記得當自己承諾募得所需的兩萬五千美元來擴建容納育幼院和辦公室的大樓時，心裡的感受如何。當時，那是個幾乎難以達成的遠大目標。她還年輕，又是個生手，根本不知道要如何達成任務，但總是要有人出來領頭做這件事，而那個人就是她。

母親與她的工作小組於是嘗試了各種可能的活動，努力地募款。他們籌辦糕點義賣、二手衣物拍賣會、園遊會等各式各樣的小型募款活動，一個接著一個舉行。

在那個時代，人們通常不會像現在一樣，直接就向每個人要錢，但是這些小活動也可以積少成多。當一連串的募款活動接近尾聲時，募得的金額已經非常接近當初設定的目標了，不過還差五千美元。母親說，她覺得自己有責任把那最後的五千元湊齊。她的第一堂募款課是她的心教她的，她知道，世界各地都有人來這裡領養小孩，而這些人如果知道他們的錢能夠讓別的夫婦也有機會領養小孩，就會很樂意捐款。有了這個想法後，她搜集了這些父母的名單，逐一打電話給他們，請求會面的機會，然後一個一個向他們募款。果然，他們一個一個都捐款了——有的捐五百美元，有的兩百五十美元，就這樣一點一滴地湊。她用這種方式自己募得了最後那五千美元，結果，她更超越了當初設定的目標，一共募得了兩萬六千一百三十三美元。

她說，這個活動教了她一件事，就是每個地方的每一個人都想要有所貢獻、爲世界帶來改變。每一個人都想要讓自己和他人擁有一個健康、豐饒的生活，而捐錢或以財力贊助是其中一個最重要、最有力量的方式，能讓我們做出那樣的貢獻。她說，她與那些父母的每一次會面，都是讓她難以忘懷的親密互動，他們讓她知道，她所提出的請求是一項禮物。

我們坐在那裡聊著受到那次募款活動所影響的家庭，無論是捐錢的一方，或是後來來到這座大樓領養他們夢寐以求的寶寶的家庭，都受惠一輩子。接著我們突然想到，當時在那裡被領養的寶寶，現在已經大約五十歲了！他們當初是被愛著他們、眞正想要他們的家庭領養並且養育成人的。那些寶寶現在很可能也已經爲人父母，甚至祖父母了，而這一連串的繼承與愛，都是從那些已經成人的寶寶開始的。我們驚歎於她所募得的那兩萬六千多美元，竟仍在那些人和他們的孩子、孫子的生命裡運作。當你遵循最高承諾來募款——在這個例子裡，是我母親承諾讓孩子得到愛、獲得照顧——那些財務資源仍將繼續收割，收割那一份與這些錢的意圖一致、永不枯竭的莊稼。我們想到那些募款後在新建設施裡被領養的寶寶，她認爲，每一個在那之後被領養的寶寶都是她有幸能協助這個育幼院流傳下來的遺產之一。我們都深深感動於她這個想法，以及那筆募得的款項做出貢獻、促成改變的巨大力量。

在另一次對話裡，她回憶起自己主持過的重要募款活動，包括博物館、世界級領養機構、社區交響樂、男孩社團、女孩社團、西部地區印地安原住民健康計畫（她現在住的地區）、盲人點字機構、動物之家、識字診所、鄰近的一個安寧照護中心（現在裡頭的專職人員也來照顧她）、生態研究營、一個將部分沙漠地區歸入自然棲息地的專案、一個在荒野的森林裡鋪設步道的計畫……她一個個地將這些專案計畫與機構列出來，才了解到自己可能已經募得了數百萬美元，而這些錢又再衍生了數百萬美元，而且讓數百萬人受益。

那些錢雖然很久以前就花掉了，但在許多方面仍持續運作著，甚至連她自己也受惠。那些步道她的孫子也曾走過，安寧照護中心的工作人員現在照顧的是她自己與家人，她曾爲社區付出的慷慨與帶來的財富，現在反過來回到她自己身上。那些錢將會永遠發揮著作用，不會消耗殆盡也不會用完，而是持續地回報價值給每一個人。對我們兩人而言，那眞是一個令人豁然領悟的激動時刻啊！

幾天之後，她說她想要感謝一些在日常生活中對她很重要的鄰居，特別是一些對她很好、很和善的人。她將這些關係視爲自己豐富的資產，也想讓他們知道自己有多麼珍惜。她走到電話簿那裡一頁一頁翻著，然後請我幫她打電話給乾洗店。我去電之後把話筒轉交給她，她便說想要跟經理說話，店員轉接給經理之後，母親說：

「肯恩啊，我是譚尼太太。我快要死了，可能九月前就會走，我正在跟女兒聊天，聊著那些讓我這最後一段日子變得很特別的人。你已經幫我洗衣服二十年了，我覺得你和所有櫃檯後面的工作人員給了我很好的服務與照顧。我很感謝你，也想告訴你，當人年紀大了，很多事沒辦法親自去做的時候，社區裡提供各種服務的人，就變成了你生命的常客，讓日子變得更美好。我想邀請你參加我的葬禮，坐在我家人的正後方。請把你家的地址和電話告訴我女兒，到時候她好邀請你來參加葬禮。」

她又和瑪西、蘇珊這兩位櫃檯後的工作人員說話，然後告訴她們同樣的事，說了許多她如何感謝她們的細節。接著，她繼續打電話給修車廠跟照顧她車子的那位工作人員。我們又打電話給藥局、送貨小弟，以及她最喜愛的一家店裡的化妝品專櫃小姐。我們也打電話給她最喜歡的一間餐廳，那是一間小小的法國餐廳，她跟老闆還有她最喜愛的一名女侍瑪婷說話。她告訴這些人，認識他們有多麼特別、自己感到多麼受到他們的照顧。我們打給美髮院、按摩治療師，以及美甲師，也打給那些爲她遞送食品雜貨的人。

這每一次的對話都令人感動。人們很驚訝，因爲他們不習慣聽到有人這樣欣賞並感謝他們的工作，特別是出自一個將死之人。我抄下每一個人的地址和電話，以便時候到時一一邀請他們前來。

接著，我們談到如何將她所留下的錢分送給她的十一個孫子，還有三個曾孫。這筆錢不多，但她想趁早給他們，這樣他們才能告訴她，他們想要怎麼運用這些錢，讓她也一同分享這份喜悅。

我們點亮祈願蠟燭，開始著手進行這件事。我們把家裡所有的照片都搜集在一起，然後她一一看著前面每一個孫兒的照片，一一述說那個孫兒的特質與人生旅程。她看著這些孫兒的照片，述說自己有多麼愛他們、他們每一個都是如此獨一無二、她又是多麼珍惜他們。她回憶著他們爲她人生帶來的禮物，說著說著，眼睛不知不覺充滿了淚水。然後她爲孫兒寫好一張便條、寫好支票，我們把這些東西都裝進信封裡，稍後一起郵寄。她在每一個孫兒身上都花了三十分鐘左右的時間，總共有十一個孫子、三個曾孫，因此我們總共花了大概三天才全部完成。那是那段日子裡最豐富的時光。她的注意力高度覺察、深思熟慮，而且因爲她如此眞情流露，使她幾乎不堪負荷，經常需要休息一下，隔天再繼續進行。

最後，她對每一位家庭成員一一回憶完畢並且致謝之後，她便轉而述說其他的回憶，包括多年來她在金錢事務上所反映出來的靈魂特質。她回憶起自己曾捐獻過的那許多慈善機構與社區服務單位，還有她雖然知道有一些人可能永遠不會還錢，她還是借給他們金額不小的一筆錢。她覺得那些錢獲得了妥善的運用，所以她一點也不後悔。能這麼做讓她覺得很滿足、很幸運，也對自己的人生感到欣喜。這一生，她覺得自己已好好活過了。

接下來的一個星期，我們預先安排好接下來幾個月的照護與安葬費用如何支付，不去麻煩到其他人。

母親臨終時並沒有留下多少錢。從某方面來看，她倒是爲自己沒有留下很多錢感到驕傲。蕭伯納有一次曾說：「當我死去時，我想要把自己用得淋漓盡致。」我母親正是這種想法的體現。她說，她知道自己的身體已經用得淋漓盡致，自己曾有幸擁有過的財務資源，她也已經把它用得淋漓盡致。她以自己所知的最美好方式，把自己完完全全用到一滴不剩。她的生命力與物質財富都花光了，在這最後的時刻，她將僅存的那一滴資源用來慶祝、禮敬，還有表達她對人們的愛。

當然，母親也曾度過一些可怕的日子、痛苦的日子，甚至對每個人都感到沮喪挫折、感到憤怒的時光。在這最後的時刻，即將死去之際，她已徹底了結這些事。她的生命劃下了完整的句點，我記得自己曾想：「我的天啊，多麼美好的結束！多麼美好的一生！」在那最後幾個星期裡，她讓我清楚地了解，那些受到祝福的錢、受到誠正之心、明確意圖，以及愛的永恆力量所引導的錢，它的力量是持續到永久的。那正是她所遺留的一部分無形的美好遺產。

我記得，母親過世後的那幾分鐘，我走進她躺著的房間，可以感覺到她的靈體已經離開了，她的生命力也不在那軀體裡面了。雖然如此，我卻清楚感受到她仍在房間裡，如此鮮活——她過人的精力、她的力量、她的慷慨大度，還有她的愛。它仍然存在。我記得自己清楚地感覺到，那就是我們獲得的無形遺產：透過行動、溝通、刻意開啟的對話、我們有幸擁有的各種關係，以及我們表達愛的各種方式，就可以讓我們的意圖在這世上成真。透過金錢這個美妙的工具，我們可以大聲說出我們是誰、去感動這個世界。

葬禮上，我們聚在一起，除了家人與親密的朋友之外，所有我們曾致電的人都來了——

乾洗店員工、技師、主廚與女侍、送貨小弟……一個也沒缺席。這些人雖是母親付錢購買服務的店家，但也由於母親的容許，他們也覺得自己與母親的生命產生了深刻的交集。

她毫無保留地向他們表達由衷的感謝與肯定，而我知道，那將會在他們的生命裡一直持續到今天。他們的生命之所以被觸動，是因爲我母親有勇氣、有那樣的風範打了那幾通簡單的電話。她的孫兒有幸能得到她在世時贈予的那一小筆錢，她也能津津有味地聽著他們述說自己打算如何使用它。母親過世已經好幾年了，但她的錢和她的愛依然發揮著影響力，未來也將繼續如此。

我母親留下的遺產，某部分來說是她對錢的態度，以及她對生命之充裕的清楚認知。譬如說，母親爲一些機構籌募基金時，她眞心認爲那些機構的工作很重要，除了這樣的態度之外，還有她對家人的臨別贈予、她對那些當她只是住附近的普通客戶的人表達感激之情等等，但她令我印象最深刻的是，一個人竟能爲他人的生命帶來如此大的改變。這是個重要的提醒，透過金錢所建立的片刻交會，或許比我們想像的更加深刻。而若我們在那些片刻從心來行動，我們的錢就表達出那一顆心，那就是我們眞正的財富。她不是個富有的女強人，她只是他人的生命與工作中一個熱情而慷慨的參與者，她也用自己的時間、精力與金錢滋養著他人的生命與工作，從年輕到過世始終如一。

金錢意識的無形遺產

每個人都想留下美好的遺產、健康的家庭、興旺的後代，還有一個活力充沛、延續生命的地球。我們不是透過身後留下了什麼東西來創造出恆久的遺產，而是透過我們在世時如何活著，特別是我們一生如何處理錢這一方面。

你想要留下什麼樣的遺產？無論你是「十元富翁」或「百萬富豪」，都能發揮應影響力、帶來改變，也將留下遺產。要以錢帶來改變，不代表你一定要很有錢，或成為公眾人物，或是立法者，或能夠上《歐普拉秀》（Oprah，譯注：美國知名脫口秀節目，許多名人都曾接受訪問），或捐一大筆錢給你最喜愛的大學。每一個人都透過自己的生活之道創造無形的遺產。我們能透過許多方式創造出充裕的遺產或匱乏的遺產，特別是透過我們與錢的關係。對於錢，我們可以耗盡它、奪取它，或者累積它、持有它，也可以用它來滋養、分享、分配、有意識地花費與捐獻等等。

我過去曾經以為，長大之後繼承一大筆錢是一件太美妙的事——永遠不必為錢煩惱，不必去關心錢的問題，甚至不用去「想」錢這件事，只要知道自己有一大堆錢就行了。「越多越好」的迷思如此強烈，人們很難相信「越多」也可能帶來麻煩。然而，真相卻告訴我們一個不一樣的故事，我在工作上或從活在這些故事裡的人口中，一再聽聞這樣的故事。

我在最近參加的一次會議裡，有一位眉清目秀、二十六歲的金髮女子，向一小群同爲繼承者的人和我分享了她的故事。她曾請求父親不要給她一大筆錢，但不到一個星期，她父親便將三千萬美元轉至她的信託帳戶。她覺得自己被這巨款壓垮，也對承擔的責任感到害怕，備感迷惑而且壓力重重，還擔心別人發現後會討厭她。父親賺錢所從事的工作，不但毀了她的家庭，造成兄弟姐妹失和、父母離婚，還創造出讓她亟欲逃離的嫉妒與欽羨氛圍。她覺得所有的包袱、罪惡感與各種負面感受都隨著那筆錢轉嫁到她身上，使她不堪負荷。

多數人若看見伴隨大筆遺產而來的哀愁與悲傷，將會震驚不已。當然，這也有例外，而那些例外就是付出許多心力反制過剩與理所應得心態所造成的不良影響的人，但與我們想像的不同的是，繼承龐大財富不見得如表面上看起來那麼美妙。

金錢關係中殺傷力最大的一面就是貧乏的心靈，那種心靈導致人們相信錢可以決定他們是誰、限制他們一生想選擇成爲什麼樣的人，這不只在財務匱乏的國家與社群是如此，對過分重視錢的生活亦然。在資源最少與資源最多的環境裡，我們知道，那些成功生存並蓬勃發展的人，就是向他人汲取資源、深化一己資源，耕耘出有意義生活的人。

創造精神遺產：樹立「足夠」生活的典範

比爾和我在孩子還很小時，發現自己沉迷於我所謂的「成功的魅惑之歌」，我們不但錯過許多陪伴孩子的喜悅時光，錯過感染孩子天眞氣息的機會，像他們一樣能在最小、最簡單的事物中發現驚奇，反而爲他們樹立了不良的示範。我們到處奔波，忙著賺錢、忙著取悅他人，爭取所謂「成功」的象徵物。我們把自己的注意力，甚至信任，全部一股腦兒放在金錢那不容置疑的力量之上，而這不知不覺中傳遞給他們一項訊息，讓他們認爲「大人」世界裡最重要的東西就是錢。

如果不是巴克和後來的反饑餓計畫，我們的生活可能會繼續往一個極不健康的方向奔去，但很幸運的是，我們及時踩了剎車。我們將生活重新聚焦，找到了一個全新的狀態，開始著重於發揮影響力帶來改變(making a difference)，而非帶來財富(making a fortune)。

在這個關鍵時刻，巴克是我生活與工作的核心，有一天晚上，我們很榮幸能邀請他來我們家共進晚餐。當時我們的孩子分別是六歲、八歲、十歲，我們全家和巴克圍坐在餐桌旁。巴克經常被尊稱爲「未來之祖」(Grandfather of the Future)，能見到他和孩子們共享一頓簡單的家常菜，實在太開心了！當時，我那八歲的女兒薩茉說了一些頗具深意的話，孩子特有的天眞洞見，道出了一些深層的眞相。她的話讓餐桌旁的三個大人——我、比爾，還有巴克——相當驚豔，我們三人彼此互看了一眼，無不被她的智慧所感動。

當時巴克說了一些話，永遠改變了我的生命與親子關係。他對比爾和我說：「記住，你的孩子們是你們在宇宙時間裡的長輩。他們來自一個更完整、更進化的宇宙，那是你我無法想像的。我們只能透過他們的雙眼，看見那個宇宙。」

將孩子視爲「宇宙時間裡的長輩」，著實是一個令我吃驚、猶如醍醐灌頂的想法。所有目前占據新聞版面的大事、抓住我們目光的進步科技，都將是我們孩子的歷史和腳底下的土壤，從這些土壤裡，他們將耕耘出屬於自己的夢想與成就，而且是用我們難以想像的方式。我們的孩子可以，也必定會這麼做。如果在他們繼承的世界裡，高速電腦、旅行與科技已讓「地球村」不再是個抽象概念或新的境界，而已是一個具體的眞實狀態，那意味著什麼？如果，他們是在一個假設萬事充裕、慷慨與合作成爲人類普遍風氣的世界裡成長，那又意味著什麼？

我看見他們正在引領著我們，一如我們也在引領著他們一般，當然，是以不同的方式。雖然我一直覺得從孩子身上學習到很多東西，卻從來不曾以如此深刻的眞相看待我們之間的關係。它改變了我對一切事物的觀點，讓我開始從他們身上汲取資源——我宇宙的長輩——

藉此看見一個獨一無二的未來家，一個正確而進化的世界觀。

以新的方式傾聽他們的聲音，便是肯定他們天生的直覺、禮敬他們天生的知曉能力，欣賞它，讓它能擴大並發揮一己的影響力、帶來改變。我心中越來越清楚，在欣賞的滋養之下，他們天生的智慧會更加深刻，而更能夠不被匱乏迷思、渴求更多東西與更多錢的商業與文化迷思所傷害。他們需要從我們這裡獲得的遺產不是金錢本身，而是一種如何存在的方式，好讓他們更有創意、韌性更強，能在這世界充分表達自己，無論流經他們生命的金錢或資源有多少都不受影響。

投入反饑餓計畫工作的前幾年，我們家成了許多人的避風港。它是朋友來訪舊金山時住宿的地方，是某位剛經歷離婚痛苦的朋友前來投靠並充電的地方，也是一位遭受癌症打擊的朋友前來療癒身心的地方。我在訓練來自其他國家如衣索比亞、印度等的反饑餓計畫工作人員時，這些同仁會與我們住在一起好幾個星期。我記得有一次，來自印度的主持人拉麗塔就住在小房間裡，她的同事娜吉和沙麗妮住在客房，日本的大內博與珍娜住在地下室的遊戲間，奈及利亞的唐德則在鋼琴下方鋪睡袋。我的孩子們在成長過程中看到各種文化背景的人來來去去，彼此分享時間、一起用餐、與我們家人分享喜悅的時光，他們不但了解我們永遠有足夠的東西能與在場的人或即將來到的人分享，也能表現出這樣的態度。

這種分享過程使他們展現寬大、慷慨的能力逐漸增強，也讓他們親身體驗到，無論什麼人需要與我們在一起，自己永遠有充裕的資源可以與他們分享，而那才是最眞實的財富。它大大豐富了我們的生命。你所分享的東西，你便增強了它；你所分享的東西，會永遠持續下去，成爲你留下的眞正遺產。

這正是我們瀕臨失去的遺產——我們的孩子瀕臨失去的遺產——因爲他們從一出生就被商業文化重重包圍。在廣告或行銷界，他們稱此爲「從搖籃到墳墓」(cradle to grave)行銷法，這種策略企圖讓孩子在生命最早期就變成消費者，爲他們種下匱乏謊言的種子，培養他們「越多越好」的迷思。

「新美國夢中心」(The Center for a New American Dream)是一個聲譽良好的社會運動與消費者教育組織，它寫道，「今天孩子們大量暴露在電視廣告、橫幅廣告、看板、商標、置入性行銷的情形越來越嚴重……廣告商以前所未見的方式大規模地公開遊說孩子，孩子的年齡一大到足以辨認公司商標，或能複誦產品廣告歌時，便急著建立他們的品牌忠誠度。廣告商以孩子爲目標，因爲那就是種下超級消費主義種子的沃土。」

要在這種一天二十四小時不斷疲勞轟炸的商業消費文化裡養育孩子，讓他們認識那極少獲得肯定的「足夠」之價值，並非易事，然而，那才是讓他們的生活滿足而快樂的關鍵所在。

孩子們天生就擁有一顆充滿驚奇與敬畏的心，這世界對他們而言是塊洋溢著喜悅與各種可能性的地方。他們在愛與接受中便能茁壯，爲我們送來裝滿喜悅與快樂嬉戲的赤子之心，以及天生懷抱無窮可能性這一份禮物。

消費文化不斷驅使孩子去要更多、購買更多不需要的東西，我們如何在這時候引導他們與金錢建立一個良好的關係？我們如何讓他們在面對種種誘惑時產生力量，以誠正之心過生活？我們可以教育他們，告訴他們匱乏的迷思是錯的，並向他們示範何謂充裕之道。新美國夢中心提供了以下的實用建議：

幫助孩子了解，每一樣產品都是從地球上抽取出來的物質製作而成的，當垃圾被收走時，那些物質做成的東西不會從此消失。

教導孩子那些東西接下來會去到哪裡。當我們使用很多塑膠製、過度包裝，以及容易毀損的產品，便會留下沉重的負擔給未來的子子孫孫。

盡量尋找到何處購買對地球友善、耐用，而且利用可生物分解或回收材料製作的產品。

以身作則，避免衝動購物。對於消耗地球資源的產品，消費必須有限度。

介紹孩子讀一些強化這些訊息的書或資料。

讓他們了解這個鼓勵不斷花費的魅惑之歌，了解到負債、不斷累積或獲取更多是我們文化裡不健康的一部分，他們不需要成爲受害者。讓他們知道，有時候誘惑雖令人難以抗拒，但他們比那一股拉力還要強。

公開檢視你生活中的金錢相關事務，看看你的行爲是否有益於讓所有人都蓬勃發展，都能過一個永續且公正的生活。與人分享自己在金錢方面的省思、顧慮以及抉擇，邀請孩子們貢獻他們的想法。

無論多少錢，都比不上留給孩子們一個健康的金錢觀。留給他們這樣的了解：錢會流進也會流出他們的生命，它理應如此，而且能夠引導這道金錢之流流至他們的最高承諾，是一件很榮幸的事。留給他們這樣的了解並且以身作則：如果你轉而欣賞自己的內在資源，你便擁有所需的一切，便足以因應外在環境所帶來的種種挑戰或機會。留給他們真實財富的體驗、一個呈現美好與安全的生命，這種生命重視並禮敬彼此之間的聯繫。留給他們富啟發性的、分享的、負責任的管理體驗，而非累積現金或物品的體驗。

有一首受人喜愛的蘇菲教派(Sufi)之詩，據悉爲伊那亞・汗(Inayat Khan)所做，或許他的觀點對我們有一些幫助：

我要求力量／神卻給我困難讓我變強壯。
我要求智慧／神卻給我問題讓我學會如何解決。
我要求富裕／神卻給我一個大腦與發達的肌肉來工作。
我要求勇氣／神卻給我危險讓我克服。
我要求愛／神卻給我人群讓我幫助他們。
我要求特權／神卻給我機會。
我沒有得到任何我想要的／卻得到了一切我需要的。

我們創造的遺產是從自己家裡與家人開始的，無論我們是否有小孩皆然，但是它也能延伸至工作場合與商業的環境。在那些地方，我們有機會在商業、管理與經濟學等方面，以奠基於充裕原則與實踐方式的哲學，取代驅策著唯利是圖心態的匱乏系統。

在費茲酒莊，保羅與同事們合力創造出讓環境永續而且禮敬地球的實踐方式，同時還能生產品質優良的葡萄酒。不但他的酒獲獎，公司獲利，事業蓬勃興旺，他更爲全球的商業釀酒事業創造了一個新的典範。他個人的遠大願景與領導企業的行動，成功爲釀酒產業及衆多起而效尤者創造出體現充裕之道與繁榮富足的遺產。

還有其他許多人在商場或個人工作上親身活出了這些原則。永續性，究竟而言，是一份為每個地方的每個人與未來世代確保充裕的宣言。從我們有記憶以來，匱乏迷思一直是我們所繼承的無形遺產，若我們能在商業、親子或領導管理等各方面做出帶來永續的抉擇，便是一種良好示範，為他人留下體現「足夠之道」的遺產，而這樣的傳承將能積極改變當前的世界。

我們買些什麼、投資些什麼、為他人購買什麼、選擇贊成什麼、捐錢給什麼等等，這些行為建構而成我們的世界。充裕原則帶領我們探入更深層的真相與靈魂深處價值，我們可以讓它們成為種子，即使面對匱乏與缺少的迷思，依然能耕耘出滿足、自由與充實的未來。

偉大的未來學家與科學家威理斯．赫曼(Willis Herman)曾說：「社會給予正當性，社會也可以將它拿走。」

我們可以收回來自匱乏迷思的正當性。

無論生命中經手的錢是多是少，我們都可以以利益生命的方式使用它，而非一心爭搶更多、執著於金錢數字的高低起伏。

我們可以從匱乏轉換為充裕，從抱怨轉換為承諾，從羨慕轉換為感謝。

我們可以，透過我們採取的立場、透過對話的力量與有意識地留下美好遺產，改變夢想。

ch. 12

逆轉潮：為金錢灌注靈魂

遙遠的地方傳來的吟唱聲，是人們覺醒意識的輕柔聲音：在這關鍵時刻，意識到地球的未來展望，意識到來自祖先與未來世代要求我們覺醒的聲聲呼喚。

——逆轉潮聯盟（Turning Tide Coalition）

維羅納(Verona)的計程車像衝向箭靶似的，奔馳在這個城鎮的大街小巷，經過古老的石牆後從城門疾駛而出。短短幾分鐘的光景，義大利街頭熱鬧滾滾的生活景象便轉換成了樸實的鄉村風光，我們沿著陡峭而狹窄的蜿蜒小路前進，這些小路連結著丘陵上一個個小巧的村莊。我們的目的地是一座靜修中心，位於距此處還有兩小時車程、群山環繞的山丘小鎮卡迪尼(Cadine)。天空一片蔚藍色，清楚地襯托出群山的輪廓。抵達目的地後，我開始一一認識新同事，我雀躍不已，心中滿滿的期待。我們來到這裡是要與達賴喇嘛尊者進行會談。

那是二〇〇一年的初夏時節，我受邀參加一個名爲「綜合對話」(Synthesis Dialogues)的活動。這個聚會大約有三十個人參加，全是來自世界各地的行動主義者、宗教領袖與靈修老師。聚會的目的是針對世界現況彼此交流，也和達賴喇嘛尊者進行交流。

三十個與會者來自全球各地，都是全球性的草根運動領袖，每個人對人類潛能與靈性都擁有共同的承諾，都在爲改善籠罩人類大家庭的某個不公或受苦面向而努力。這些人都是在第一線衝鋒陷陣的人，與戰爭、貧窮、饑餓、暴力、壓迫等直接面對面，在有些情況下，這些苦難甚至規模龐大無比。有些與會者曾在遭受囚禁與虐待之後，毅然再度回到工作崗位，態度甚至比從前更加堅定。置身這些人之中，令人不禁生起一股謙恭之心。

在達賴喇嘛尊者抵達之前，我們有幾天的時間先進行交流。我們分享自己的生命故事，並且一同靜坐。我們在山裡漫步，還一起唱著歌。我們彼此心意相通，贏得了彼此的尊敬，也展現了對彼此的愛。在尊者與陪同他前來的西藏僧侶、學者等一行人加入我們之前，我們都極有效率地進行交流與對話。

在達賴喇嘛尊者本人到來之前，這場聚會雖已成果斐然，但是當他一加入我們，當他的存在、他那一份「尊貴的神聖性」翩然而至之際，一切都提升至另一個層次了。不知怎麼地，我們每個人都能夠將自己與自己的個人「故事」或「生命劇情」分開，清楚地觀照這個世界，而非一味地與這世界的各種問題糾纏、搏鬥。在對話裡，我們沒有迴避當今世界的問題，而是以清晰的視野來看待它們。尊者談到了中國政府對西藏同胞的殘忍迫害，以及仍在中國的藏人所忍受的殘酷折磨與暴行。爲了躲避中國政府的迫害，他在十多歲時逃出中國然後流亡幾十年至今的驚險歷程，在我們圈內早已是衆所皆知的故事。艱困、壓迫、不公義與苦難，對此人一點也不陌生。

我們的對話心得是一種綜合的結論、一種共識，也就是世界正在覺醒、潮流已經開始逆轉了。我們見到並且也感覺到，縱使當前環境惡化、戰爭暴力高升、人權迫害事件猖獗、AIDS及其他疾病的快速傳播、貧窮人口廣布，相關的種種數據十分嚇人，但有個非常根本的東西開始在核心起了變化。老舊的錯誤假設正在脫落，一股新興的靈性力量、源自靈魂的蛻變所造成的洶湧波濤卽將席捲各地，它比我們所面臨的挑戰都更強而有力、更加穩固、更加無可撼動。

我們雖然給這一股力量不同的稱呼，但我們知道大家說的是同一件事。對我來說，那代表著匱乏及其創造物——「你或我」的世界——開始崩潰，包括它在我們的金錢關係裡造成的破壞、它最終的不可行性、它對眞相與圓滿生命的錯誤解讀，以及它那無法帶來永續的假設。我們同意，即將取而代之的願景是一個巴克多年前曾預言的「你和我」的世界，在那樣的世界裡，人們活在充裕與遵循足夠法則的眞相與狀態下，沒有人被遺漏；在那個世界，團結取代慈善、夢想屬於所有人，它不會以犧牲另一部分人爲代價，而是所有人共同的夢想；在那個世界，充滿智慧與仁慈的大自然力量，將是我們所尊敬並深深與之共鳴的力量；在那個世界，對金錢的喜愛，將會被「使用錢來表達愛」所取代。

當我們圍著圓圈坐在一起，達賴喇嘛尊者傾聽每一個人說話，也向我們述說他的想法，談著我們個別的志業在這大環境下的本質。他描述人們想要快樂、避免受苦的共同願望，以及如何讓倫理生活變成一個滿足的生活。在我們與金錢的關係方面，他說，若我們能將神聖存在帶入這座豐裕的殿堂，便能創造出眞誠且合乎倫理的金錢關係，也讓它的價值得以延伸並且擴大。

與達賴喇嘛尊者同在之際，我從同儕間的對話裡，頭一次如此鮮明而生動地看到了這一點，更切身地感受到它，它是發自肺腑的、有形的、深具震撼力量的。我記起幾年前曾聽過德日進(Teilhard de Chardin)說過的一句話：「我們不是擁有靈性經驗的人類，而是擁有人類經驗的靈性體。」

坐在達賴喇嘛尊者面前，我體驗到自己眞的是個靈性體，在人類經驗的範疇處理事務。

這一場靜修聚會，以及達賴喇嘛尊者的出現，在身體上、智識上與靈性上皆爲我創造出得以保持澄明並如實反映的空間。在那樣的綜合效應下，我對眞相有了一次更加深刻而美妙的體驗，對一己志業的承諾也再一次獲得更新。那短短幾天的深刻體驗仍經常會回到我心中。現在，當我面對這一人類經驗的本質，以及我們與金錢的搏鬥與互動成爲人類經驗裡最受限、最苛刻的面向這一事實時，心中更加清楚了。雖然我過去也曾見過，但這次我甚至更加清楚地看見這一點。金錢——一個勾引且誘惑著我們的競技場——可以是個人與世界蛻變過程裡的最佳夥伴。

金錢旅行各地，跨越各種界限、語言與文化。錢就像水，在每一個生命與每一個地方都或多或少激起陣陣漣漪。它可以攜帶我們的愛，也可以攜帶我們的恐懼。它可以如洪流般衝向某些人，使他們淹沒在隨之而來的權力之中，也可以滋養且灌溉關於自由、社群概念與分享的原則。錢可以利益生命，也可以用來貶抑、削弱或毀滅。它既非邪惡也非有什麼不好，它只是一個工具罷了。我們發明了它，然後它就根深柢固停留在人類經驗裡，然而，它可以被我們靈魂的渴望與熱情所用，更可以與它合爲一體。

「你和我」的世界早已存在

我初次聽見巴克描述「你和我」的世界是一九七〇年代末期，當時，我們全都知道並且確實活出了「足夠給每一個人、沒有人會被遺漏」的眞相。當時，那是個符合現實的期待，因爲如同他所指出，世界上的確有足夠的食物、足夠的資源，能夠照顧到每一個人。眞正的挑戰，他說，是我們所有的體制——政治、政府、醫療保健、教育、經濟，特別是金錢系統——都是圍繞著「匱乏」而設計的，圍繞著「東西不夠給每一個人、有人會被遺漏」的信念所設計的。

巴克說，要花二十五至五十年的時間，才能讓目前那些建構在匱乏信念上的錯誤體制——或說「你或我」的典範——瓦解。他警告我們說，那可能會讓人非常沮喪、惶恐，甚至形同災難，然而當這種轉變發生時，一個新世界便誕生了：在這世界我們珍惜一切資源皆足夠，能明智地管理它並活在充裕與富足的狀態下——那是「你和我」的典範。

如今正是那個災難性的、令人害怕的時刻，金錢不僅躲在全球的每一場衝突、災難、危機，以及幾乎我們生活每一面向的背後，也隱藏在這些表相之下，穿梭其中。這是我們財務生活裡一段特別緊繃並充滿挑戰的時刻。我們擔心失去工作，擔心在萎縮的就業市場與不景氣的經濟大環境裡找不到新工作。我們擔心是否會有足夠的錢維持家用、應付食衣住行、是否能如自己所願地給孩子良好的教育，或是否有足夠的錢應付退休生活。我們擔心自己的國家投入過多人力與金錢在戰爭上。我們擔心恐怖分子攻擊家園，同時也擔心越來越多的安全措施造成不斷升高的開銷，卻沒有讓我們覺得更安全。

從許多方面來看，情況似乎比我們願意承認的還糟：恐怖主義、戰爭、暴力、報復和懲罰的烏雲籠罩這地球、物種消失速度前所未有地迅速、燃燒石化燃料造成全球氣候不穩定、貧富間的鴻溝似乎越來越大、貪婪無限蔓延，即使是那些已擁有可觀的財富、權力、資源或特權的人也不遑多讓。

同時，它卻是遠比我們所能冀望的要更好：千百萬的人正在努力，他們意識到了這些挑戰，從各個層面開始解決問題。全球興起了無數的組織機構與行動計畫，試圖處理人類與生命的基本需要問題。每一個國家的公民社會與公民行動，比歷史上的任何時刻都更加活躍、蓬勃。網路可以讓我們瞬間連接數億人口，我們眞切體認到彼此的相互連結，並能以最實際的方式，促成前所未有的合作。通訊的爆炸性進展，使我們意識到彼此間原本自然的關聯性，牽一髮動全身的事實，也讓討論重要議題的全球性對話更容易進行。生態意識崛起，更席捲了全球的每一個國家、村莊、機構，還有每一個人。

我們逐漸意識到人權與性別平等的問題，特別是女性的崛起與力量，並正視女性的主張與領導，將之視爲一種社會資源。全世界有超過三分之二的人口，生活在某種形式的民主政府之下，這個空前的人口比率——包括女性與有色人種——都能擁有發聲與決定未來的權力。

全球靈性的崛起，讓人們深切關心如何生活、如何存在，讓我們無論是在日常生活、工作場所、家庭、對話，或幾乎各種場合，都對靈性層面更加重視、追求更高的智慧。有更多宗教團體認知到多元化的利益，開始教育人們尊重其他信仰。巴查馬馬聯盟及其他相關組織與合作單位，正有效地保育主要的雨林與棲息其中的生物，結果，原住民族開始興起，成爲一股受人尊敬的聲音，爲我們帶來深植於自然法則的古老智慧，做爲全球決策者在各類會議時的參考。

另類療法與補充醫學（complementary medicine，譯注：西方世界所提出，包括西醫以外所有能補充主流西方醫學不足的醫療保健系統，例如傳統醫學，甚至宗教祈禱）在美國越來越受到人們接受與歡迎，各種療癒方法的傳統與實踐方式爲我們開啟了一道門，幫助我們發現新的洞見。在許多國家，人們利用以物易物乃至複雜的資源經濟交換形式，以另類與補充性的貨幣讓人們在傳統的金錢體系之外也能彼此分享資源。

反饑餓計畫及其理念雖然在二十五年前受到不少人的嘲笑，如今卻成爲啟蒙性慈善事業與活動的典範，他們致力於鼓勵自立、自足，讓人們有機會決定自己的未來如何發展。一九七七年悲慘的饑餓人口數字——一天四萬一千人死亡——如今已經減半，剩下一天不到兩萬人，而儘管世界人口不斷增加，這個數字仍穩定下降中。進步確實發生了。

大型石油公司如「殼牌」(Shell)與「英國石油公司」(British Petroleum)，重新將公司命名爲「能源公司」，目標是在三十年內脫離石化燃料產業，完全投入可更新能源的事業。

年輕的全球行動主義組織，如「解放兒童組織」(Free the Children)、「青少年環境理智協會」(Youth for Environmental Sanity)、「改變先鋒」(Pioneers of Change)等和其他千百個組織，正啟發並動員著全球的年輕人，讓他們爲我們所面臨的問題帶來全新的思維與領導作用。

正如保羅．雷(Paul Ray)與雪莉．安德森(Sherry Anderson)在其影響深遠的著作《文化創造力：五千萬人如何改變世界》(The Cultural Creatives: How Fifty Million People Are Changing the World)一書中說，數百萬人「已經採取一個全新的世界觀……這是我們文明的重大進展。改變世界觀，顧名思義就是改變你認爲是眞實的事情……首先包括價值、最根本的生命優先順序、生活方式、花錢與花時間的方式、維持生計的方式，還有你如何賺錢的方式。」

這不單純是一個改變的時代，這是個蛻變的時代，這個蛻變不是出於匱乏，而是出自一個包含展望、責任與充裕的狀態。我要引用極具遠見的本體論思想家華納．艾哈德(Werner

Erhard）說過的話：「蛻變不否定過去消失的東西，反而是滿足了它。創造出一個對每個人都可行的世界狀態並非只是人類歷史上另一個前進的步伐，唯有出於這個狀態，我們的歷史才能開始有意義。」

在與達賴喇嘛尊者一同進行的「綜合對話」裡，當我們談到各自在工作崗位上遇到的種種時，如障礙與挑戰、機會與發展性等，我們的工作本質——任何地方任何人的工作——對我變得異常清晰。如同我的一位同事所說，我們這個時代的工作，是對將死的非永續老舊體制進行安寧照護，為新生的永續體制與新的存在方式接生。為那些已達至極限的老舊體制進行安寧照護，不是將它們殺死，而是懷抱著一些慈悲與愛，見證它們的崩解，然後帶著慈悲與愛，為支持並強化永續存在的全新體制與結構的發展接生。這些方法是建立在現實與了解這世界是足夠的基礎上，在這世界裡，每個人都能活得富足，不必以犧牲彼此為代價，而是在通力合作中達成。我們與金錢的關係可以做為這個蛻變的起點。我們可以同時擁抱金錢與靈魂，並且與金錢「積極地並存」（activelyco exist），如同專業投資人、慈善家，以及我的好友艾倫．斯力夫卡（Alan Slifka）所說：「這件事就是融合我們的有形資產與無形資產。如果我們有勇氣去看看新的可能性，就有機會以全新的方式來運用錢。」

我個人深入金錢與靈魂的旅程

我的這一份承諾會變得如此深重是我始料未及的，我在募款與行動主義上的旅程，帶領我在文化層面走得又遠又廣，也帶領著我更加深入自己與生命的關係。處理我與金錢的關係，以及了解他人如何處理自己與金錢的關係，讓我領悟到了一些關於錢的普世眞理。我對每個人在金錢上的掙扎與奮鬥感觸極深。這個總令我們磨刀霍霍，等著對抗嚴酷現實的舞台，也可以是我們發展靈性修煉的舞台，讓我們能在那裡運用金錢做爲展現意圖與誠正原則的工具。

我第一次捐獻給反饑餓計畫時，它重新調整了我的優先順序。我的財務生活逐漸開始與我心靈最深處的自我與靈魂和諧一致。我開始出現一種與金錢的多寡或獲取無關的富足體驗。我可以在心中深深感受到這種和諧的滋味，而這是透過改變用錢方式辦到的。那一塊領域就是潮流在我心中逆轉之處。我非常訝異，錢，這個一向被我和其他人用來積攢、消耗、購買藝術品、美酒和其他物品來讓自己變得更重要的東西，和我最後用來表達對人們的愛與對生命的肯定、用來分享我最深的夢的東西，竟然是同樣的一種工具。一旦這個工具，或稱爲「錢」的這個媒介，深深與我的靈魂和諧共鳴，就是富足、喜悅、充裕的感受開始迸發的時候。它的重點不在錢本身，而是在於使用它做爲靈魂的工具。

每個人都有可能做到：不僅是個人層面，也包括家庭層面與文化、社會層面。將金錢與靈魂，與我們最深的夢想、最高的抱負連成一氣，才是我們富足的源頭，那源頭不在於擁有更多錢供我們使用。如此運用的錢，讓我們與生命的整體相連，而不是讓錢成爲分別、分裂彼此的工具。這種富足每個人都唾手可得，哪怕他們擁有的資源是龐大也好，中等也好，或者只有一點點。

以錢做爲一個人最直接的自我表達，是一件力量強大、不可思議的事情。然而，那是一種修煉，而我仍在努力中。我會浪費錢，也會購買製造問題而非解決問題的產品。我會爲錢興奮、爲錢失望，也會爲了錢的問題挫折萬分、無所適從。但是，我已走在一條修煉的道路上，而我之所以與你分享，是因爲我相信這對當前的時代是非常實用、十分重要的。我看見有越來越多人意識到自己更高的承諾爲何，關心我們如何活著，而這本書便是爲我們身邊到處都在發生的這一過程盡一份心力。

認知到「足夠」並體會到從中而來的安心，並非是拒絕承認在社會各角落仍有千百萬人處於貧困之中，我每一天都在那樣的殘酷領域工作。然而，從根本上了解「足夠」這一眞相，不但幫助我處理衆多挑戰與問題，還有我自己的生命，因爲它總是能開創出全新的關係、全新的可能性。

所以，我以此提出這每一個男女、每一天都可行的金錢觀，這一道金錢之流在我們的每一種關係之間流動，包括我們與父母親、先生或太太、阿姨伯母、表親堂親，或是朋友、員工、老闆之間的關係。金錢從來不曾眞正缺席。我們可以以它爲鏡，來了解我們是誰、我們支持什麼。

在此，我也邀請你過一個更大器的生活——當我們好好看看自己擁有的一切，並且放下努力累積更多的念頭，我們就有能力過一個比專注於「獲得」與「擁有」更美好的生活。每個人不只想讓自己過一個好日子，也想要人人都能過好日子，而當你了解「足夠」的道理，便是與那樣的可能性接上了線，它成爲一個自然的結果。它就是如此這般發生在我身上，我也見過它在世界各地許多人身上發生。

毛毛蟲與蝴蝶

我們的金錢奮鬥史，還有所有伴隨而來的壓力、恐懼、過剩等狀態，在本質上有其類似之處。演化生物學家伊利莎白·薩托利斯曾說，毛毛蟲在生命週期的某一個階段會變得狼吞虎嚥、饑不擇食，凡是周邊看得到、摸得到的，都會貪婪地啃個精光。在它進化的這一階段，它可以吃下超過體重幾百倍的東西，它進食得越多，就變得越胖、越笨重。在這發展過剩的同一時刻，毛毛蟲體內的「成體細胞」(imaginal cells)開始蠢蠢欲動，這些細胞是一種特別的細胞，而且數量很少，但是當它們彼此連結時，便成爲毛毛蟲蛻變過程的基因指揮官。在毛毛蟲瘋狂進食的階段，成體細胞啟動一個機制，讓進食過度的毛毛蟲成爲「一碗營養的湯」，而成體細胞就是藉著這些養分，創造出蝴蝶的奇蹟。

我第一次聽到這個毛毛蟲與蝴蝶的譬喻時便非常喜愛，因爲它提供我一個看待當前世界的方式，即使它目前處於狼吞虎嚥的貪婪階段，也只是演化的某一個階段。這對我們這個時代是個再貼切不過的譬喻。當我看見地球上有許多深受啟發、全新投入各種工作的優秀人才，在家庭、社區，以及永續的事業體中努力修復並且滋養這個世界，我看見的是人類蛻變過程的成體細胞。那就是我們，如我也如你一般的人，那些我在書中故事裡分享的人與欣賞他們的人，也是那些開創全新方式、看見全新可能性的人。

在商業、經濟、政治、政府等方面，非永續性結構的崩潰——如近年來「世界通信」(World Com)、「安隆能源」(Enron)、「日泰電子」(Tyco)等公司的倒閉——以及逐漸揭露的大企業貪腐現象，可能是個開始，如同毛毛蟲變蝴蝶一般，它們成爲蛻變的養分，造就出蝴蝶的奇蹟。

在這混亂與衝突頻仍、暴力與復仇氛圍高漲的世界，我相信，有千千萬萬的人正擔負起這一份重責大任，不僅是爲了求改變，更爲了要進行蛻變、爲了創造出蝴蝶的奇蹟。我們或許是少數，但我們遍布各處，我們相互聯繫，在塞內加爾，在衣索比亞，在厄瓜多、阿富汗、法國、瑞典、日本、德國；在愛荷華、密西根、紐約或加州——甚至在好萊塢；在偉大的行業裡，也在讓世界繼續運轉的日常工作裡，到處都有我們的蹤跡。我們是「隱藏的主流」，是這活生生的系統中的基因指揮官。如果我們繼續聯繫彼此，就能從這貪婪的毛毛蟲裡開創出蝴蝶的奇蹟。

我邀請你，運用流經生命中的錢——它確實會流經我們所有人的生命——表達充裕的眞相與狀態。

我邀請你，將流經你生命中的資源移向你的最高承諾與理想，以及你支持的事物。

我邀請你，持有金錢一如它是我們共同的信託，我們都有責任以讓自己與所有生命，以及我們的星球和未來世代都能獲得滋養、能更加茁壯的方式來使用它。

我邀請你，爲金錢灌注靈魂——你的靈魂——讓它代表你是誰，代表你的愛、你的心、你的言語，以及你的人道精神。

致謝

這本書是眾志成城的結果。這是我遭遇到最多挑戰與困難的事情之一，如果沒有許許多多人的協助、參與、合作與慷慨支持，我絕不可能完成這本書。

首先我要感謝與我合作的作家泰瑞莎・貝克(Teresa Baker)，她在創作本書這三年之中，早已與我心意相通。她文思敏捷，與我合作無間、專業素養深厚，這些都是成就本書的最重要因素。

感謝我傑出的文學經紀人蓋兒・羅斯(Gail Ross)，有了她的大力鼓勵，撰寫本書的構想才得以實現。在這過程中，她一直支持著我，陪著我一路走到最後。

感謝我在 W. W. Norton 的編輯安琪拉・范德里普(Angela von der Lippe)，本書的每一個書頁都融入了她的智慧、才華，以及多年的寶貴經驗。她的助理亞歷珊卓・巴斯塔格里(Alessandra Bastagli)負責複雜的書籍製作過程，將手稿化爲一部令 W. W. Norton 出版社和我都引以爲傲的書。

本書有許多內容是取材自我在「反饑餓計畫」二十多年的工作經驗。我在那些年與大多數的成年時光中最重要的老師與精神導師，一直是反饑餓計畫的董事長瓊安・荷姆斯（Joan Holmes）。她所展現的典範、智慧、誠正與不容妥協的承諾，在許多方面造就了今日的我。

在反饑餓計畫的那些年間，我受到許多同事的幫助，他們讓我更加了解金錢爲何物，也更加了解它與我們人類大家庭的深層問題之間的關聯，他們是（下列姓名以原文表示）：John Coonrod , Carol Coonrod , Mike Wick , Franc Sloan, Tom Driscoll, Ted Howard , Dick Bishop, Jay Greenspan, Sherry Pettus, Catherine Parrish, Bill Parrish, Kendra Goldenway, Ronn Landsman, Mike Cook , Les Traband , Lee Traband , Larry Flynn, Raul Julia, Merel Julia, Janet Schreiber, Fay Freed , Joe Friedman, Dana Carman, Jane Shaw, Michael Frye, Tom Henrich, Gunnar Nilsson, Scott Paseltiner, Lalita Banavali, Naji Loynmoon, Fitigu Tadesse, Badiul Majumdar, Tazima Majumdar, Shingo Nomura,Mikio Uekusa, Hiroshi Ohuchi, Ian Watson, Peter Bourne, John Denver, Robert Chester, Annetta Chester, Valerie Harper, Gordon Starr, Dianne Morrison 等人，還有無數曾與我共事的人，他們也曾在我生命中留下深刻的印記，對我的世界觀的形成貢獻良多。我也要深深感謝與我共事多年的反饑餓計畫的數千名義工、行動主義者、募款者與投資人，他們既是本書精神的實驗者，也是啟發者。

在此必須特別提到費茲．史壯(Faith Strong)。在我全球性的工作中，她以一個女性、慈善家與合作夥伴的身分，教導了我許多遠超過她想像的事。

我親愛的朋友與完美的慈善家艾倫．斯力夫卡(Alan Slifka)與泰德．馬龍(Ted Mallon)，早在本書計畫尚未誕生前就已不斷支持著我，直到計畫完成。他們一路上給予了我智慧、財務贊助，還有無限的愛，我對他們的感激非言語所能形容。

我的朋友與靈魂兄弟湯姆．柏特(Tom Burt)，一直是這個寫作計畫的全職夥伴，他總是鼓勵我、啟發我，善意地督促著我朝下一個空格鍵前進，全力實現本書的願景。他在財務上與心靈上所帶來的夥伴關係是無價的，但更重要的是，他給予我的愛與相信，是我完成這部著作最需要的養分。

尼爾．羅根(Neal Rogin)，我的老友與同事，總是能協助我找到貼切的詞彙表達那難以言說的事物。威克．法蘭克林(Wink Franklin)，智性科學中心(Institute of Noetic Sciences)榮譽董事長，協助我爲這本書及其代表的志業命名，也爲我過去二十年來的工作提供智慧建言。麥可(Michael)與賈斯丁．湯姆斯(Justine Toms)兩人在撰寫本書的過程中對我的鼓勵不遺餘力。麥可針對「金錢的靈魂」主題與我進行的訪談，更是本書邁向成功的跳板。

多年來，我與「世界局勢論壇」(State of the World Forum)維持著良好的夥伴關係，主席詹姆士・蓋瑞森(James Garrison)幫助我獲得更深、更廣的智慧來理解並接觸全球事務，並拓展了我對世界的體驗。

戴夫・埃利斯(Dave Ellis)一直扮演著充滿智慧且堅定的教練與顧問角色。泰瑞・艾索羅德(Terry Axelrod)幫助我更加專注，讓我對募款工作的神聖性有了更深刻的了解。

當我在寫作過程中遇到最困難的部分時，我的作家好友薇琪・羅賓(Vicki Robin)鼓勵我參加Mesa Refuge作家寫作營，我很榮幸能與創辦人兼所有人彼得・邦斯(Peter Barnes)共度兩個星期的寶貴時光。在雷斯角（Point Reyes，寫作營所在地）的那段時間，是本書計畫得以實現的重要轉捩點。薇琪、彼得，謝謝你們！

感謝我的朋友與靈魂姐妹崔西・霍爾(Tracy Howard)，自我們認識的那一天起就不斷在我身旁陪伴我、支持我，和我建立了一輩子的夥伴關係，本書製作期間也不例外。

我要向智性科學中心與「費茲中心」(Fetzer Institute)董事會的同仁致意，對於我從他們那裡所學習與接受的一切，以及他們給予我的明智忠告與友誼，我欠他們一份深深的感激。

感謝「逆轉潮聯盟」(Turning Tide Coalition)，本書獻給你們每一位，以及我們曾經共享的深刻對話。

我在厄瓜多的阿楚瓦(Achuar)兄弟姐妹們，以及「巴查馬馬聯盟」(Pachamama Alliance)的工作同仁、成員與投資者，他們是這世界的明燈，是本書原則的實際體現。

沃爾納・艾哈德(Werner Erhard)，從過去到現在都是我所見過最才華洋溢的老師之一。他所建立的計畫與課程，還有「標竿教育計畫」(Landmark Education)，提供了絕佳的洞見與原則，以及有利我在這世界生活、觀察的脈絡，爲了這個原因還有衆多其他理由，我深深感激他。

我的好姐妹荷莉・麥迪根(Holly Madigan)和溫蒂・薩德勒(Wendy Sadler)，還有好兄弟葛瑞菲・威廉斯(Griff Williams)，在本書出版過程中一直全心支持我，更是我靈感的泉源。本書最後階段的工作，有許多便是在溫蒂位於伊利諾州格蘭威(Glenview)靜謐的「避難所」完成的。

另外，我要感謝於本書撰寫期間，在格蘭威受召集前來的小組成員。特別要感謝萊斯利・羅文(Leslie Rowan)的長期支持與貢獻。

我親愛的助理珮特・傑克森(Pat Jackson)，不僅是在本書撰寫期間，還有在處理所有事情時，都一直是我不變的穩定夥伴。她是我生命中的福星，在過去長達十六年的時間裡，不斷爲我們共同的願景付出驚人的無限才能，滿足各式各樣的需求。

最後，我要向我的家人致意：我的母親與父親，他們是女性和男性中的最佳典範。我那幾個很棒的成年孩子，貝索(Basil)、薩茉(Summer)、查克瑞(Zarchary)，他們一直都給予我最大的空間做我自己。對我而言，一切有意義的事物都是汲取自我們對彼此無條件的愛。

最後但最重要的，我要感謝比爾·崔斯特(Bill Twist)這位我的夫婿、靈魂伴侶、夥伴，以及最好的朋友。他所帶來的力量、安定、誠正、幽默與愛，點亮了我的生命，讓一切事情成爲可能。

這許多年來，我在世界各地曾經有幸一起工作過的人實在太多了，無法一一列出他們的姓名，但是他們已全部交融在本書的每一頁書頁及它所要傳達的訊息之中了。他們知道這些人是誰，而這本書的目的就是要將他們帶給我的愛、智慧與驚奇，呈現在世人眼前。

——琳恩·崔斯特

除了琳恩所說的衆志成城的那些人以外，我想要對夫婿史蒂夫(Steve)與我們的孩子亞倫(Aaron)、瑞秋(Rachel)與蕾貝卡(Rebecca)致謝。他們付出了慷慨與熱情大力支持本書，並貢獻出一己的智慧。對於琳恩，我想借用馬雅·安哲羅(Maya Angelou，譯注：美國知名非裔女詩人、作家)的一句話來表達我對彼此的夥伴關係與友誼的由衷感謝：「當我們歡喜地付出，感激地接受，每個人都受到福佑了」。我就是如此。

——泰瑞莎·貝克(Teresa Baker，本書共同作者)

InSpirit 19

金錢的靈魂

找回你的內在財富，擁抱財務自由的人生

The Soul of Money: Reclaiming the Wealth of Our Inner Resources

作　　者　琳恩・崔斯特（Lynne Twist）
譯　　者　蔡孟璇
總 編 輯　張瑩瑩
主　　編　蔡欣育
責任編輯　王智群
封面設計　劉孟宗
內頁排版　劉孟宗
出　　版　自由之丘文創／遠足文化事業股份有限公司
發　　行　遠足文化事業股份有限公司
地址：231 新北市新店區民權路 108-2 號 9 樓
電話：（02）2218-1417　傳眞：（02）8667-1065
電子信箱：service@bookrep.com.tw
網址：www.bookrep.com.tw
郵撥帳號：19504465 遠足文化事業股份有限公司
客服專線：0800-221-029

讀書共和國出版集團

社長：郭重興
發行人兼出版總監：曾大福
業務平臺總經理：李雪麗
業務平臺副總經理：李復民
實體通路協理：林詩富
網路暨海外通路協理：張鑫峰
特販通路協理：陳綺瑩
印務：黃禮賢、李孟儒

法律顧問　華洋法律事務所 蘇文生律師
印　　製　前進彩藝有限公司
初　　版　2012 年 4 月
二　　版　2016 年 12 月
三　　版　2020 年 8 月

歡迎團體訂購，另有優惠價，請洽業務部
（02）2218-1417 分機 1124、1135

線上讀者回函　自由之丘官網

國家圖書館出版品預行編目 (CIP) 資料

金錢的靈魂：找回你的內在財富，擁抱財務自由的人生 / 琳恩・崔斯特 (Lynne Twist) 著；蔡孟璇譯・三版・新北市：自由之丘文創出版：遠足文化發行，2020.08
288 面；14.8×21 公分 (Inspirit ; 19)
譯 自：The soul of money : reclaiming the wealth of our inner resources.
ISBN 978-986-98945-4-8(平裝)
1. 金錢心理學 2. 生活指導

563.014　　109009052